石油企业岗位练兵手册

集输工

（第二版）

大庆油田有限责任公司　编

石油工业出版社

内 容 提 要

本书采用问答形式，对集输工应掌握的知识和技能进行了详细介绍。主要内容可分为基本素养、基础知识、基本技能三部分。基本素养包括企业文化、发展纲要和职业道德等内容，基础知识包括与工种岗位密切相关的专业知识和HSE知识等内容，基本技能包括操作技能和常见故障判断处理等内容。本书适合集输工阅读使用。

图书在版编目（CIP）数据

集输工/大庆油田有限责任公司编. —2 版. —北京：石油工业出版社，2023.8

（石油企业岗位练兵手册）

ISBN 978-7-5183-6087-1

Ⅰ.①集…　Ⅱ.①大…　Ⅲ.①油气集输-技术手册　Ⅳ.①TE86-62

中国国家版本馆 CIP 数据核字（2023）第 123489 号

出版发行：石油工业出版社

（北京市朝阳区安华里 2 区 1 号楼　100011）

网　址：www.petropub.com

编辑部：（010）64251682

图书营销中心：（010）64523633

经　　销：全国新华书店

印　　刷：北京中石油彩色印刷有限责任公司

2023 年 8 月第 2 版　2023 年 8 月第 1 次印刷

880×1230 毫米　开本：1/32　印张：6.75

字数：169 千字

定价：46.00 元

（如发现印装质量问题，我社图书营销中心负责调换）

前言

岗位练兵是大庆油田的优良传统，是强化基本功训练、提升员工素质的重要手段。新时期、新形势下，按照全面加强“三基”工作的有关要求，为进一步强化和规范经常性岗位练兵活动，切实提高基层员工队伍的基本素质，按照“实际、实用、实效”的原则，大庆油田有限责任公司人事部组织编写、修订了基层员工《石油企业岗位练兵手册》丛书。围绕提升政治素养和业务技能的要求，本套丛书架构分为基本素养、基础知识、基本技能三部分，基本素养包括企业文化（大庆精神铁人精神、优良传统）、发展纲要和职业道德等内容；基础知识包括与工种岗位密切相关的专业知识和HSE 知识等内容；基本技能包括操作技能和常见故障判断处理等内容。本套丛书的编写，严格依据最新行业规范和技术标准，同时充分结合目前专业知识更新、生产设备调整、操作工艺优化等实际情况，具有突出的实用性和规范性的特点，既能作为基层开展岗位练兵，提高业务技能的实用教材，也可以作为员工岗位自学、单位开展技能竞赛的参考资料。

希望各单位积极应用，充分发挥本套丛书的基础性作用，持续、深入地抓好基层全员培训工作，不断提升员工队伍整体素质，为实现公司科学发展提供人力资源保障。同时，希望各单位结合本套丛书的应用实践，对丛书的修改完善提出宝贵意见，以便更好地规范和丰富丛书内容，为基层扎实有效地开展岗位练兵活动提供有力支撑。

大庆油田有限责任公司人事部

2023 年 4 月 28 日

目录

第一部分　基本素养

第二部分　基础知识

二、HSE 知识……047

第三部分　基本技能

二、常见故障判断与分析

第一部分
基本素养

一、企业文化

（一）名词解释

1. 石油精神：石油精神以大庆精神铁人精神为主体，是对石油战线企业精神及优良传统的高度概括和凝练升华，是我国石油队伍精神风貌的集中体现，是历代石油人对人类精神文明的杰出贡献，是石油石化企业的政治优势和文化软实力。其核心是“苦干实干”“三老四严”。

2. 大庆精神：为国争光、为民族争气的爱国主义精神；独立自主、自力更生的艰苦创业精神；讲究科学、“三老四严”的求实精神；胸怀全局、为国分忧的奉献精神，凝练为“爱国、创业、求实、奉献”8 个字。

3. 铁人精神：“为国分忧、为民族争气”的爱国主义精神；“宁肯少活二十年，拼命也要拿下大油田”的忘我拼搏精神；“有条件要上，没有条件创造条件也要上”的艰苦奋斗精神；“干工作要经得起子孙万代检查”“为革命练一身硬功夫、真本事”的科学求实精神；“甘愿为党和人民当一辈子老黄牛”、埋头苦干的无私奉献精神。

4. 三超精神：超越权威，超越前人，超越自我。

5. 艰苦创业的六个传家宝：人拉肩扛精神，干打垒精神，五把铁锹闹革命精神，缝补厂精神，回收队精神，修旧利废精神。

6. 三要十不：“三要”：一要甩掉石油工业的落后帽子；二要高速度、高水平拿下大油田；三要在会战中夺冠军，争取集体荣誉。“十不”：第一，不讲条件，就是说有条件要上，没有条件创造条件上；第二，不讲时间，特别是工作紧张时，大家都不分白天黑夜地干；第三，不讲报酬，干啥都是为了革命，为了石油，而不光是为了个人的物质报酬而劳动；第四，不分级别，有工作大家一起干；第五，不讲职务高低，不管是局长、队长，都一起来；第六，不分你我，互相支援；第七，不分南北东西，就是不分玉门来的、四川来的、新疆来的，为了大会战，一个目标，大家一起上；第八，不管有无命令，只要是该干的活就抢着干；第九，不分部门，大家同心协力；第十，不分男女老少，能干什么就干什么、什么需要就干什么。这“三要十不”，激励了几万职工团结战斗、同心协力、艰苦创业，一心为会战的思想和行动，没有高度觉悟是做不到的。

7. 三老四严：对待革命事业，要当老实人，说老实话，办老实事；对待工作，要有严格的要求，严密的组织，严肃的态度，严明的纪律。

8. 四个一样：对待革命工作要做到，黑天和白天一个样，坏天气和好天气一个样，领导不在场和领导在场一个样，没有人检查和有人检查一个样。

9. 思想政治工作“两手抓”：抓生产从思想入手，抓思想从生产出发。这是大庆人正确处理思想政治工作与经济工作关系的基本原则，也是大庆人思想政治工作的一条基本经验。

10. 岗位责任制管理：大庆油田岗位责任制，是大庆石油会战时期从实践中总结出来的一整套行之有效的基础管理方法，也是大庆油田特色管理的核心内容。其实质就是把全部生产任务和管理工作落实到各个岗位上，给企业每个岗位人员都规定出具体的任务、责任，做到事事有人管，人人有专责，办事有标准，工作有检查。它包括工人岗位责任制、基层干部岗位责任制、领导干部和机关干部岗位责任制。工人岗位责任制一般包括岗位专责制、交接班制、巡回检查制、设备维修保养制、质量负责制、岗位练兵制、安全生产制、班组经济核算制等 8 项制度；基层干部岗位责任制包括岗位专责制、工作检查制、生产分析制、经济活动分析制、顶岗劳动制、学习制度等 6 项制度；领导干部和机关干部岗位责任制包括岗位专责制、现场办公制、参加劳动制、向工人学习日制、工作总结制、学习制度等 6 项制度。

11. 三基工作：以党支部建设为核心的基层建设，以岗位责任制为中心的基础工作，以岗位练兵为主要内容的基本功训练。

12. 四懂三会：这是在大庆石油会战时期提出的对各行各业技术工人必备的基本知识、基本技能的基本要求，也是“应知应会”的基本内容。四懂即懂设备结构、懂设备原理、懂设备性能、懂工艺流程。三会即会操作、会维修保养、会排除故障。

13. 五条要求：人人出手过得硬，事事做到规格化，项项工程质量全优，台台在用设备完好，处处注意勤俭节约。

14. 会战时期“五面红旗”：王进喜、马德仁、段兴枝、薛国邦、朱洪昌。

15. 新时期铁人：王启民。

16. 大庆新铁人：李新民。

17. 新时代履行岗位责任、弘扬严实作风“四条要求”：要人人体现严和实，事事体现严和实，时时体现严和实，处处体现严和实。

18. 新时代履行岗位责任、弘扬严实作风“五项措施”：开展一场学习，组织一次查摆，剖析一批案例，建立一项制度，完善一项机制。

（二）问答

1. 简述大庆油田名称的由来。

1959 年 9 月 26 日，新中国成立十周年大庆前夕，位于黑龙江省原肇州县大同镇附近的松基三井喷出了具有工业价值的油流，为了纪念这个大喜大庆的日子，当时黑龙江省委第一书记欧阳钦同志建议将该油田定名为大庆油田。

2. 中共中央何时批准大庆石油会战？

1960 年 2 月 13 日，石油工业部以党组的名义向中共中央、国务院提出了《关于东北松辽地区石油勘探情况和今后部署问题的报告》。1960 年 2 月 20 日中共中央正式批准大庆石油会战。

3. 什么是“两论”起家？

1960 年 4 月 10 日，大庆石油会战一开始，会战领导小组就以石油工业部机关党委的名义作出了《关于学习毛泽东同志所著〈实践论〉和〈矛盾论〉的决定》，号召广大会战职工学习毛泽东同志的《实践论》《矛盾论》和毛泽东同志的其他著作，以马列主义、毛泽东思想指导石油大会战，用辩证唯物主义的立场、观点、方法，认识油田规律，分析和解决会战中遇到的各种问题。广大职工说，我们的会战是靠“两论”起家的。

4. 什么是“两分法”前进？

即在任何时候，对任何事情，都要用“两分法”，形势好的时候要看到不足，保持清醒的头脑，增强忧患意识，形势严峻的时候更要一分为二，看到希望，增强发展的信心。

5. 简述会战时期“五面红旗”及其具体事迹。

“五面红旗”喻指大庆石油会战初期涌现的五位先进榜样：王进喜、马德仁、段兴枝、薛国邦、朱洪昌。钻井队长王进喜带领队伍人拉肩扛抬钻机，端水打井保开钻，在发生井喷的危急时刻，奋不顾身跳下泥浆池，用身体搅拌泥浆制服井喷。钻井队长马德仁在泥浆泵上水管线冻结时，不畏严寒，破冰下泥浆池，疏通上水管线。钻井队长段兴枝在吊车和拖拉机不足的情况下，利用钻机本身的动力设施，解决了钻机搬家的困难。大庆油田第一个采油队队长薛国邦自制绞车，给第一批油井清蜡，又手持蒸汽管下到油池里化开凝结的原油，保证了大庆油田首次原油外运列车顺利启程。工程队队长朱洪昌在供水管线漏水时，用手捂着漏点，忍着灼烧的疼痛，让焊工焊接裂缝，保证了供水工程提前竣工。

6. 大庆油田投产的第一口油井和试注成功的第一口水井各是什么？

1960 年 5 月 16 日，大庆油田第一口油井中 7-11 井投产；1960 年 10 月 18 日，大庆油田第一口注水井 7 排 11 井试注成功。

7. 大庆石油会战时期讲的“三股气”是指什么？

对一个国家来讲，就要有民气；对一个队伍来讲，就要有士气；对一个人来讲，就要有志气。三股气结合起来，就会形成强大的力量。

8. 什么是“九热一冷”工作法？

大庆石油会战中创造的一种领导工作方法。是指在 1 旬中，有 9 天“热”，1 天“冷”。每逢十日，领导干部再忙，也要坐在一起开务虚会，学习上级指示，分析形势，总结经验，从而把感性认识提高到理性认识上来，使领导作风和领导水平得到不断改进和提高。

9. 什么是“三一”“四到”“五报”交接班法？

对重要的生产部位要一点一点地交接、对主要的生产数据要一个一个地交接、对主要的生产工具要一件一件地交接。交接班时应该看到的要看到、应该听到的要听到、应该摸到的要摸到、应该闻到的要闻到。交接班时报检查部位、报部件名称、报生产状况、报存在的问题、报采取的措施，开好交接班会议，会议记录必须规范完整。

10. 大庆油田原油年产 5000 万吨以上持续稳产的时间是哪年？

1976 年至 2002 年，大庆油田实现原油年产 5000 万吨以上连续 27 年高产稳产，创造了世界同类油田开发史上的奇迹。

11. 大庆油田原油年产 4000 万吨以上持续稳产的时间是哪年？

2003 年至 2014 年，大庆油田实现原油年产 4000 万吨以上连续 12 年持续稳产，继续书写了“我为祖国献石油”新篇章。

12. 中国石油天然气集团有限公司企业精神是什么？

石油精神和大庆精神铁人精神。

13. 中国石油天然气集团有限公司的主营业务是什么？

中国石油天然气集团有限公司是国有重要骨干企业和全球主要的油气生产商和供应商之一，是集国内外油气勘探开发和新能源、炼化销售和新材料、支持和服务、资本和金融等业务于一体的综合性国际能源公司，在全球 32 个国家和地区开展油气投资业务。

14. 中国石油天然气集团有限公司的企业愿景和价值追求分别是什么？

企业愿景：建设基业长青世界一流综合性国际能源公司；

企业价值追求：绿色发展、奉献能源，为客户成长增动力、为人民幸福赋新能。

15. 中国石油天然气集团有限公司的人才发展理念是什么？

生才有道、聚才有力、理才有方、用才有效。

16. 中国石油天然气集团有限公司的质量安全环保理念是什么？

以人为本、质量至上、安全第一、环保优先。

17. 中国石油天然气集团有限公司的依法合规理念是什么？

法律至上、合规为先、诚实守信、依法维权。

二、发展纲要

（一）名词解释

1. 三个构建：一是构建与时俱进的开放系统；二是构建产业成长的生态系统；三是构建崇尚奋斗的内生系统。

2. 一个加快：加快推动新时代大庆能源革命。

3. 抓好“三件大事”：抓好高质量原油稳产这个发展全局之要；抓好弘扬严实作风这个标准价值之基；抓好发展接续力量这个事关长远之计。

4. 谱写“四个新篇”：奋力谱写“发展新篇”；奋力谱写“改革新篇”；奋力谱写“科技新篇”；奋力谱写“党建新篇”。

5. 统筹“五大业务”：大力发展油气业务；协同发展服务业务；加快发展新能源业务；积极发展“走出去”业务；特色发展新产业新业态。

6. “十四五”发展目标：实现“五个开新局”，即稳油增气开新局；绿色发展开新局；效益提升开新局；幸福生活开新局；企业党建开新局。

7. 高质量发展重要保障：思想理论保障；人才支持保障；基础环境保障；队伍建设保障；企地协作保障。

（二）问答

1. 习近平总书记致大庆油田发现60周年贺信的内容是什么？

值此大庆油田发现60周年之际，我代表党中央，向大庆油田广大干部职工、离退休老同志及家属表示热烈的祝贺，并致以诚挚的慰问！

60年前，党中央作出石油勘探战略东移的重大决策，广大石油、地质工作者历尽艰辛发现大庆油田，翻开了中国石油开发史上具有历史转折意义的一页。60年来，几代大庆人艰苦创业、接力奋斗，在亘古荒原上建成我国最大的石油生产基地。大庆油田的卓越贡献已经镌刻在伟大祖国的历史丰碑上，大庆精神、铁人精神已经成为中华民族伟大精神的重要组成部分。

站在新的历史起点上，希望大庆油田全体干部职工不忘初心、牢记使命，大力弘扬大庆精神、铁人精神，不断改革创新，推动高质量发展，肩负起当好标杆旗帜、建设百年油田的重大责任，为实现“两个一百年”奋斗目标、实现中华民族伟大复兴的中国梦作出新的更大的贡献！

2. 当好标杆旗帜、建设百年油田的含义是什么？

当好标杆旗帜——树立了前行标尺，是我们一切工作的根本遵循。大庆油田要当好能源安全保障的标杆、国企深化改革的标杆、科技自立自强的标杆、赓续精神血脉的标杆。

建设百年油田——指明了前行方向，是我们未来发展的奋斗目标。百年油田，首先是时间的概念，追求能源主业的升级发展，建设一个基业长青的百年油田；百年油田，也是空间的拓展，追求发展舞台的开辟延伸，建设一个走向世界的百年油田；百年油田，更是精神的赓续，追求红色基因的传承弘扬，建设一个旗帜高扬的百年油田。

3. 大庆油田 60 多年的开发建设取得的辉煌历史有哪些？

大庆油田 60 多年的开发建设，为振兴发展奠定了坚实基础。建成了我国最大的石油生产基地；孕育形成了大庆精神铁人精神；创造了世界领先的陆相油田开发技术；打造了过硬的“铁人式”职工队伍；促进了区域经济社会的繁荣发展。

4. 开启建设百年油田新征程两个阶段的总体规划是什么？

第一阶段，从现在起到 2035 年，实现转型升级、高质量发展；第二阶段，从 2035 年到本世纪中叶，实现基业长青、百年发展。

5. 大庆油田“十四五”发展总体思路是什么？

坚持以习近平新时代中国特色社会主义思想为指导，深入贯彻落实党的二十大精神，牢记践行习近平总书记重要讲话重要指示批示精神特别是“9·26”贺信精神，完整、准确、全面贯彻新发展理念，服务和融入新发展格局，立足增强能源供应链稳定性和安全性，贯彻落实国家“十四五”现代能源体系规划，认真落实中国石油天然气集团有限公司党组和黑龙江省委省政府部署要求，全面加强党的领导党的建设，坚持稳中求进工作总基调，突出高质量发展主题，遵循“四个坚持”兴企方略和“四化”治企准则，推进实施以抓好“三件大事”为总纲、以谱写“四个新篇”为实践、以统筹“五大业务”为发展支撑的总体战略布局，全面提升企业的创新力、竞争力和可持续发展能力，当好标杆旗帜、建设百年油田，开创油田高质量发展新局面。

6. 大庆油田“十四五”发展基本原则是什么？

坚持“九个牢牢把握”，即牢牢把握“当好标杆旗帜”这个根本遵循；牢牢把握“市场化道路”这个基本方向；牢牢把握“低成本发展”这个核心能力；牢牢把握“绿色低碳转型”这个发展趋势；牢牢把握“科技自立自强”这个战略支撑；牢牢把握“人才强企工程”这个重大举措；牢牢把握“依法合规治企”这个内在要求；牢牢把握“加强作风建设”这个立身之本；牢牢把握“全面从严治党”这个政治引领。

7. 中国共产党第二十次全国代表大会会议主题是什么？

高举中国特色社会主义伟大旗帜，全面贯彻新时代中国特色社会主义思想，弘扬伟大建党精神，自信自强、守正创新，踔厉奋发、勇毅前行，为全面建设社会主义现代化国家、全面推进中华民族伟大复兴而团结奋斗。

8. 在中国共产党第二十次全国代表大会上的报告中，中国共产党的中心任务是什么？

从现在起，中国共产党的中心任务就是团结带领全国各族人民全面建成社会主义现代化强国、实现第二个百年奋斗目标，以中国式现代化全面推进中华民族伟大复兴。

9. 在中国共产党第二十次全国代表大会上的报告中，中国式现代化的含义是什么？

中国式现代化，是中国共产党领导的社会主义现代化，既有各国现代化的共同特征，更有基于自己国情的中国特色。中国式现代化是人口规模巨大的现代化；中国式现代化是全体人民共同富裕的现代化；中国式现代化是物质文明和精神文明相协调的现代化；中国式现代化是人与自然和谐共生的现代化；中国式现代化是走和平发展道路的现代化。

10. 在中国共产党第二十次全国代表大会上的报告中，两步走是什么？

全面建成社会主义现代化强国，总的战略安排是分两步走：从二〇二〇年到二〇三五年基本实现社会主义现代化；从二〇三五年到本世纪中叶把我国建成富强民主文明和谐美丽的社会主义现代化强国。

11. 在中国共产党第二十次全国代表大会上的报告中，“三个务必”是什么？

全党同志务必不忘初心、牢记使命，务必谦虚谨慎、艰苦奋斗，务必敢于斗争、善于斗争，坚定历史自信，增强历史主动，谱写新时代中国特色社会主义更加绚丽的华章。

12. 在中国共产党第二十次全国代表大会上的报告中，牢牢把握的“五个重大原则”是什么？

坚持和加强党的全面领导；坚持中国特色社会主义道路；坚持以人民为中心的发展思想；坚持深化改革开放；坚持发扬斗争精神。

13. 在中国共产党第二十次全国代表大会上的报告中，十年来，对党和人民事业具有重大现实意义和深远意义的三件大事是什么？

一是迎来中国共产党成立一百周年，二是中国特色社会主义进入新时代，三是完成脱贫攻坚、全面建成小康社会的历史任务，实现第一个百年奋斗目标。

14. 在中国共产党第二十次全国代表大会上的报告中，坚持“五个必由之路”的内容是什么？

全党必须牢记，坚持党的全面领导是坚持和发展中国特色社会主义的必由之路，中国特色社会主义是实现中华民族伟大复兴的必由之路，团结奋斗是中国人民创造历史伟业的必由之路，贯彻新发展理念是新时代我国发展壮大的必由之路，全面从严治党是党永葆生机活力、走好新的赶考之路的必由之路。

三、职业道德

（一）名词解释

1. **道德**：是调节个人与自我、他人、社会和自然界之间关系的行为规范的总和。

2. **职业道德**：是同人们的职业活动紧密联系的、符合职业特点所要求的道德准则、道德情操与道德品质的总和。

3. **爱岗敬业**：爱岗就是热爱自己的工作岗位，热爱自己从事的职业；敬业就是以恭敬、严肃、负责的态度对待工作，一丝不苟，兢兢业业，专心致志。

4. **诚实守信**：诚实就是真心诚意，实事求是，不虚假，不欺诈；守信就是遵守承诺，讲究信用，注重质量和信誉。

5. **劳动纪律**：是用人单位为形成和维持生产经营秩序，保证劳动合同得以履行，要求全体员工在集体劳动、工作、生活过程中，以及与劳动、工作紧密相关的其他过程中必须共同遵守的规则。

6. **团结互助**：指在人与人之间的关系中，为了实现共同的利益和目标，互相帮助，互相支持，团结协作，共同发展。

（二）问答

1. 社会主义精神文明建设的根本任务是什么？

适应社会主义现代化建设的需要，培育有理想、有道德、有文化、有纪律的社会主义公民，提高整个中华民族的思想道德素质和科学文化素质。

2. 我国社会主义道德建设的基本要求是什么？

爱祖国、爱人民、爱劳动、爱科学、爱社会主义。

3. 为什么要遵守职业道德？

职业道德是社会道德体系的重要组成部分，它一方面具有社会道德的一般作用，另一方面它又具有自身的特殊作用，具体表现在：（1）调节职业交往中从业人员内部以及从业人员与服务对象间的关系。（2）有助于维护和提高本行业的信誉。（3）促进本行业的发展。（4）有助于提高全社会的道德水平。

4. 爱岗敬业的基本要求是什么？

（1）要乐业。乐业就是从内心里热爱并热心于自己所从事的职业和岗位，把干好工作当作最快乐的事，做到其乐融融。（2）要勤业。勤业是指忠于职守，认真负责，刻苦勤奋，不懈努力。（3）要精业。精业是指对本职工作业务纯熟，精益求精，力求使自己的技能不断提高，使自己的工作成果尽善尽美，不断地有所进步、有所发明、有所创造。

5. 诚实守信的基本要求是什么？

（1）要诚信无欺。（2）要讲究质量。（3）要信守合同。

6. 职业纪律的重要性是什么？

职业纪律影响企业的形象，关系企业的成败。遵守职业纪律是企业选择员工的重要标准，关系到员工个人事业成功与发展。

7. 合作的重要性是什么？

合作是企业生产经营顺利实施的内在要求，是从业人员汲取智慧和力量的重要手段，是打造优秀团队的有效途径。

8. 奉献的重要性是什么？

奉献是企业发展的保障，是从业人员履行职业责任的必由之路，有助于创造良好的工作环境，是从业人员实现职业理想的途径。

9. 奉献的基本要求是什么？

（1）尽职尽责。要明确岗位职责，培养职责情感，全力以赴工作。（2）尊重集体。以企业利益为重，正确对待个人利益，树立职业理想。（3）为人民服务。树立为人民服务的意识，培育为人民服务的荣誉感，提高为人民服务的本领。

10. 企业员工应具备的职业素养是什么？

诚实守信、爱岗敬业、团结互助、文明礼貌、办事公道、勤劳节俭、开拓创新。

11. 培养“四有”职工队伍的主要内容是什么？

有理想、有道德、有文化、有纪律。

12. 如何做到团结互助？

（1）具备强烈的归属感。（2）参与和分享。（3）平等尊重。（4）信任。（5）协同合作。（6）顾全大局。

13. 职业道德行为养成的途径和方法是什么？

（1）在日常生活中培养。从小事做起，严格遵守行为规范；从自我做起，自觉养成良好习惯。（2）在专业学习中训练。增强职业意识，遵守职业规范；重视技能训练，提高职业素养。（3）在社会实践中体验。参加社会实践，培养职业道德；学做结合，知行统一。（4）在自我修养中提高。体验生活，经常进行"内省"；学习榜样，努力做到"慎独"。（5）在职业活动中强化。将职业道德知识内化为信念；将职业道德信念外化为行为。

14. 员工违规行为处理工作应当坚持的原则是什么？

（1）依法依规、违规必究；（2）业务主导、分级负责；（3）实事求是、客观公正；（4）惩教结合、强化预防。

15. 对员工的奖励包括哪几种？

奖励种类包括通报表彰、记功、记大功、 授予荣誉称号、成果性奖励等。在给予上述奖励时，可以是一定的物质奖励。物质奖励可以给予一次性现金奖励（奖金）或实物奖励，也可根据需要安排一定时间的带薪休假。

16. 员工违规行为处理的方式包括哪几种？

员工违规行为处理方式分为：警示诫勉、组织处理、处分、经济处罚、禁入限制。

17.《中国石油天然气集团公司反违章禁令》有哪些规定？

为进一步规范员工安全行为，防止和杜绝"三违"现象，保障员工生命安全和企业生产经营的顺利进行，特制定本禁令。

一、严禁特种作业无有效操作证人员上岗操作；

二、严禁违反操作规程操作；

三、严禁无票证从事危险作业；

四、严禁脱岗、睡岗和酒后上岗；

五、严禁违反规定运输民爆物品、放射源和危险化学品；

六、严禁违章指挥、强令他人违章作业。

员工违反上述禁令，给予行政处分；造成事故的，解除劳动合同。

第二部分 基础知识

一、专业知识

（一）名词解释

1. 转油站：将计量间来液进行收集、分离、脱水、计量及初加工，并将混合液输送到联合站，能够完成上述生产任务的站称为转油站。

2. 转油放水站：将含水较高的原油脱除掉大部分游离水，然后将低含水原油和含油污水分别输送至原油脱水站和含油污水处理站，能够完成上述生产任务的站称为放水站。与转油站合建的放水站称为转油放水站。

3. 脱水站：在集输系统中，高含水原油通过一段游离水脱除器、二段电脱水器进行处理后，将脱出的游离水及乳化水输送到污水处理系统，合格原油计量外输至油库，能够完成上述生产任务的站称为脱水站。

4. 联合站：包括脱水转油系统、原油稳定系统、污水处理系统、注水系统、配电系统、天然气处理系统、锅炉供热系统等流程的站称为联合站。

5. 压力容器：凡是能够承受一定压力的容器都称为压力容器。如油田常用能够承受一定压力的储罐、油气分离器、锅炉、火筒炉等。

6. 天然气除油器：用于脱除天然气中含有的油、水的容器。由分离缓冲游离水脱除器分离出的湿气，进入天然气除油器经过捕雾除液后，自压输送至增压站或脱水站。

7. 天然气干燥器：一种利用分子筛的吸附力对天然气进行干燥净化的装置，被广泛应用于天然气的开采、运输、加气等各个环节。

8. 游离水脱除器：使混合液通过分液板、金属波纹板聚结器等装置，利用油水密度差等原理达到游离水脱除的一种容器。

9. 污水沉降罐：主要用于对脱出的污水进行缓冲和进一步重力沉降。沉降后油水分层，上层油通过收油装置将污油回收；下层沉降出的污水外输到下游污水站处理。

10. 净化油缓冲罐：用于脱水合格的净化油分离游离气体的容器。由于密度的差异，油处于罐底部，油中游离气体从排气管排出，且连续进油，罐内压力始终相对平稳，形成稳定的工作条件。

11. 管式加热炉：是在炉内设置一定数量的炉管，被加热介质在炉管内连续流过，通过炉管管壁将在燃烧室燃烧产生的热量传递给被加热介质，从而使其温度升高的一种炉型。

12. 火筒式加热炉：是在炉内设置火管和烟管，被加热介质在炉内连续流过，并通过火管和烟管将在炉管内燃料燃烧产生的热量传递给被加热介质，从而使其温度升高的一种炉型。

13. 真空相变加热炉：是一种间接加热设备，通过传热介质相态由“液相—气相—液相”这样不停地转换，从而给被加热介质加热。相变加热炉分为微正压相变加热炉和真空相变加热炉，微正压相变加热炉的炉内压力不超过 0.10MPa，真空相变加热炉的炉内压力在-0.03～0MPa 之间。

14. 燃烧器：把燃料和空气按一定比例混合，以一定的速度和方向喷射而得到稳定且高效的燃烧火焰的设备。

15. 加热炉热效率：燃料燃烧时传递给被加热介质的有效热量与燃料燃烧放出的总热量之比，它是反映加热炉能耗的重要指标。

16. 加热炉热负荷：单位时间炉内介质吸收有效热量的能力。

17. 过剩空气系数：燃料在燃烧过程中，实际空气量与理论空气量的比值。

18. 离心泵：属于叶片式泵的一种，是靠一个或几个叶轮旋转时产生的离心力输送液体，给液体加速获得动能、压力能的机械装置。

19. 变频器：是应用变频技术与微电子技术，通过改变电动机工作电源频率方式来控制交流电动机的电力控制设备。

20. 螺杆泵：属于转子容积泵，它是依靠螺杆啮合、空间容积变化来输送液体的。

21. 流量：泵在单位时间内输出液体的体积或质量。流量可分为体积流量和质量流量。体积流量一般用 Q 表示，其单位是米^3/时（m^3/h）、米^3/秒（m^3/s）；质量流量一般用 G 表示，其单位是吨/时（t/h）、千克/秒（kg/s）。

22. 扬程：扬程也称压头，是指单位质量液体通过泵获得能量的大小。一般用符号 H 表示，单位为米（m）。

23. 转速：是指泵轴每分钟旋转的次数。一般用符号 n 表示，单位为转/分（r/min）。

24. 泵的有效功率：泵在单位时间内对液体做的功。一般用符号 N 表示，单位为瓦（W）或千瓦（kW）。

25. 泵的效率：泵的有效功率与轴功率的比值称为泵的效率，一般用符号 η 表示。

26. 允许吸入高度：泵的允许吸入高度也称真空度，表示泵能吸入液体的允许高度，一般用符号 $H_{允}$ 或 H_s 表示，单位为米（m）。

27. 摄氏温标：指在一个标准大气压下把水的结冰温度（冰点）定为零度，沸腾温度（沸点）定为 100 度，分别用 0℃和 100℃表示。两者之间平均分成 100 格，每格为 1 度，即 1℃。

28. 工作压力：各种设备、仪器、仪表在正常安全条件下工作，并能够达到技术质量要求时所允许的压力叫作工作压力。

29. 破乳剂：在原油乳化液中加入一种高分子的有机化合物，这种物质能够吸附在油、水界面上，降低界面薄膜的强度，改变乳化液的类型，破坏乳化液的稳定性，该物质称为破乳剂。

30. 阻垢剂：是具有能分散水中的难溶性无机盐，阻止或干扰难溶性无机盐在金属表面的沉淀、结垢的功能，并维持金属设备有良好传热效果的药剂。

31. 压力变送器：是指以输出值为标准信号的压力传感器，是一种接受压力变量信号按比例转换为标准输出电信号的仪表。

32. 温度变送器：是将温度变量转换为可传送的标准化输出信号的仪表，主要用于工业过程中温度参数的测量和控制。

33. 液位传感器：是一种测量液位的压力传感器。静压投入式液位传感器是基于所测液体静压与该液体的高度成比例的原理，将静压转换为电信号，传送至控制面板显示。

（二）问答

1. 电路通常有哪三种状态？

电路通常有三种状态，分别是通路、断路、短路。

2. 变频调速装置的基本原理是什么？

变频调速装置的基本原理：将工频电源通过整流器变成恒定的直流电压，然后通过大功率晶体管组成的逆变器，逆变成可变电压、可变频率的交流电源。由于采用微处理编程的正弦波 PWM 波控制，电流输出波形近似正弦波，故可用于交流电动机的无级调速。

3. 电容补偿器的工作原理是什么？

电容补偿器的工作原理是感性负载和电容器并联后，线路上的总电流比未补偿时减少，总电流和总电压之间的相角也减少了，从而使功率因数得到提高，也就是通常所说的无功补偿。

4. 电动机按性质分为哪几种？

电动机按性质分为交流电动机和直流电动机。

5. 交流电动机按其结构分为哪两种？在油气集输系统中主要用哪种？

交流电动机按其结构不同分为同步电动机和异步电动机。在油气集输系统中，大多数机械设备用的是交流异步电动机。

6. 交流电动机根据相数不同分为哪两种？

交流电动机根据相数不同分为单相交流电动机和三相交流电动机。

7. 电动机由哪几部分组成？

电动机主要由定子、转子、机座、端盖和附属部分组成；其中附属部分又包括接线盒、风扇、风扇罩。

8. 交流电动机的工作原理是什么？

交流电动机的工作原理：三相交流电通入电动机定子绕组后，在空间产生旋转磁场，旋转磁场的磁力线通过定子和转子铁芯构成闭合回路。在转子导体中产生电动势，从而产生感应电流；转子中的感应电流在定子磁场中受到电磁力，形成电磁力矩，使转子按旋转磁场的方向旋转。

9. 电动机的主要额定参数有哪些？

电动机的主要额定参数有额定功率、额定电压、额定频率、额定转速、接法、温升、绝缘等级、功率因数、效率。

10. 三相异步电动机的组成结构有哪些？

（1）三相异步电动机由定子和转子两个基本部分组成。（2）定子是电动机的固定部分，由定子铁芯、定子绕组和机座等组成。（3）转子是电动机的旋转部分，由转轴、铁芯和绕组三部分组成，它的作用是输出机械转矩。

11. 电动机各部分的作用是什么？

（1）定子：产生旋转磁场。（2）转子：产生转动力矩，带动设备机械做功。（3）机座：固定和保护定子铁芯和绕组，支撑和固定电动机轴承。（4）端盖：支撑并遮盖电动机。（5）接线盒：连接电源线。（6）风扇：冷却电动机。（7）风扇罩：保护风扇，防止旋转风扇伤人。

12. 电动机的接地线和接零线有哪些要求？

（1）一切电气设备金属外壳的保护接地线应保证接触良好。（2）在同一台变压器系统中，不允许一部分电气设备采用保护接地，而另一部分电气设备采用保护接零。（3）接地线和接零线上不准安装熔断器开关，接地电阻不应大于4Ω。（4）采用接地或接零的电气设备均应单独与接地干线相连，不准串联。

13. 防爆电动机的接线盒有哪些要求？

（1）接线盒必须完好，无损坏；接线盒口必须密封。（2）电动机电源线接点必须在接线盒内。

14. 如何判断电动机缺相运行？

（1）转子左右摆动，有较大嗡嗡声。（2）缺相的电流表无指示，其他两相电流升高，泵的各项参数发生一定变化。（3）电动机转速降低，电流增大，电动机发热，温升快。

15. 压力容器的试验压力是工作压力的多少倍？

压力容器的试验压力是工作压力的1.5倍，即安全系数（保证压力容器在工作压力下安全运行）。

16. 容器设备中检查泄漏点有哪些方法？

在容器设备中检查泄漏点一般用检漏仪或肥皂水。

17. 油田常用加热炉的形式有哪几种？

（1）管式加热炉。（2）火筒式加热炉。（3）水套式加热炉。（4）“合一”装置。

18. 油田常用管式加热炉规格是什么？

油田常用管式加热炉规格为1.0MW、1.75MW及2.5MW三种。

19. 加热炉传热形式有哪几种？

加热炉的传热形式有三种：热传导、热对流、热辐射。

20. 加热炉缺水有什么危害？

加热炉缺水，轻者可使加热炉钢板受热变形、鼓包或裂纹，重者可能使管子爆破或加热炉爆炸。

21. 什么是加热炉的爆炸回火？

加热炉点火时或在运行过程中，有时火焰或高温烟气从炉膛内向外喷出，并伴有轰隆隆的爆炸声，这种现象称为加热炉的爆炸回火。

22. 油田生产中一般加热炉过剩空气系数应控制在多少？

油田生产中，一般加热炉过剩空气系数应控制在 1.1～1.3 之间。

23. 烟囱通风的原理是什么？

加热炉运行中，由于烟囱内外的气体温度不同，因而引起气体密度的差异。温度高的气体密度小，而温度低的气体密度大，密度小的气体向上流动，便产生了压力差，这种压力差就是烟囱的抽力。

24. 燃烧器按燃料、通风方式和燃烧方式各分为哪几种？

燃烧器按燃料可分为燃油燃烧器和燃气燃烧器；按通风方式可分为自燃供风式燃烧器、鼓风式燃烧器、引射式燃烧器；按燃烧方式可分为扩散式燃烧器、大气式燃烧器、无焰式燃烧器。

25. 加热炉燃料完全燃烧应具备哪四个条件？

（1）应供给足够的空气。（2）应使燃料化学组成符合规定。（3）应使燃料与空气充分混合。（4）要有足够的燃烧时间。

26. 加热炉正常燃烧时是什么状况？

（1）加热炉正常燃烧时火焰燃烧应达到短火焰、齐火苗、火焰明亮。（2）燃油时火焰是橘黄色。（3）燃气时火焰是淡蓝色。

27. 如何根据加热炉冒烟情况判断燃烧好坏？

（1）烟囱冒黑烟：燃料和空气配比不当，燃料过多，燃烧不完全。（2）烟囱冒小股黑烟：空气量不足，燃料雾化不好。（3）烟囱冒大股黑烟：燃料突增或炉管烧穿。（4）烟囱冒黄烟：操作乱，调节不好，熄火再点火时发生。

28. 燃油炉如何根据火焰判断燃烧状况？

（1）火焰紊乱，根部呈深黑色，炉膛回火或冒烟，说明空气量过小，雾化不良。（2）火焰发白，有跳动偏离现象，说明空气量过多。（3）火焰乱飘，颜色为暗红色，甚至冒烟，说明空气量过少，未完全燃烧。（4）火焰不成形，雾化炬不规则，说明火嘴喷口结焦或雾化片旋道堵塞。

29. 燃气炉如何根据火焰判断燃烧状况？

（1）火焰四散，颜色呈暗红色或冒烟，说明空气量过少。（2）火焰狭长无力，呈黄色，说明空气量不足。（3）火焰短，火嘴和炉膛明亮，说明空气量过多。（4）火焰偏斜，分布不均，说明某些喷孔堵塞。

30. 加热炉炉膛温度及排烟温度一般为多少？

加热炉的炉膛温度一般在 750～850℃之间，排烟温度一般在 150～160℃之间。

31. 加热炉工况良好的标志是什么？

（1）加热炉出口温度在工艺规定范围的±1℃，燃料供给压力平稳。（2）火焰明亮、火苗齐且火焰均匀地充满炉膛，燃油时火焰呈橘黄色，燃气时火焰呈淡蓝色。（3）一般情况下，看不见加热炉烟囱上冒烟。（4）燃料燃烧时产生的响声一直均匀不变。（5）加热炉的热负荷、热效率等各项指标均达到工艺要求。

32. 加热炉安全附件包括哪些？

加热炉安全附件包括安全阀、压力表、温度测量仪表、报警装置、液位计、防爆门、熄火保护装置。

33. 影响加热炉热效率的主要因素有哪些？

（1）排烟造成的热损失。（2）过剩空气系数不合理造成的热损失。（3）不完全燃烧造成的热损失。（4）炉体散热造成的热损失。（5）加热炉换热部件设计不合理对热效率的影响。

34. 为使加热炉炉膛内燃烧正常需进行哪些调节？

（1）过剩空气系数调节。（2）烟道挡板调节。（3）风门调节。（4）燃油或燃气调节。（5）火焰颜色调节。

35. 加热炉燃烧不正常应从哪些方面检查？

（1）燃油压力、油温、燃气压力。（2）油嘴是否结焦、雾化片旋转槽是否堵塞、燃烧器是否结焦。（3）油嘴和燃烧器配合位置。（4）空气供给部分、烟道挡板开度，以及烟箱是否存在锈渣堵塞。

36. 在加热炉的巡回检查中应做到“一细、二看、三无”的内容是什么？

（1）一细：燃料油雾化细。（2）二看：看火焰、看烟色。（3）三无：烟囱无黑烟、火焰无黑头、油嘴无焦渣。

37. 真空相变加热炉的工作原理是什么？

真空相变加热炉燃烧器将燃料充分燃烧，热量经加热炉火管及烟管（对流受热面）传递给系统内的中间介质水（软化水），水（软化水）在加热炉的加热下，受热沸腾，由液相变为气相，迅速蒸发形成高热蒸汽，系统内为真空状态，热阻力很小，使得高热蒸汽可以快速向上流动。由于上部盘管壁温度远低于蒸汽温度，从而使高热蒸汽在盘管外壁冷凝，并把热量传递给盘管内的被加热介质，冷凝的水在重力作用下落回水空间。如此循环往复，实现了相变换热的过程，构成了一个高效率的加热系统。

38. 真空相变加热炉的结构组成有哪些？

真空相变加热炉主要由盘管、主体、烟囱、烟箱、操作间、燃烧器、火筒、烟管、回烟室、防爆门组成。

39. 真空相变加热炉真空度是怎么形成的？

首次启炉或在没有真空度（加热炉运行压力为正压）时须排空。排空前，关闭加热炉进口阀门，将停炉温度设定在95℃，待加热炉蒸汽压力达到0.02～0.04MPa时真空阀自动打开排汽，在排放水蒸气的同时会把加热炉内的空气排出，排放时间控制在5～8min，打开加热炉进口阀门，低温介质进入盘管，水蒸气遇盘管冷凝成液态水，气压降低，最终运行压力低于外界标准大气压，即运行压力正常在-0.03～0MPa之间，从而使加热炉内形成了真空。

40. 真空相变加热炉停炉后炉体防腐保养有哪些？

真空相变加热炉停运后炉体的防腐保养有干法保养和湿法保养。（1）干法保养（停炉在一个月以上的，宜采取干法保养）：干燥剂不要直接接触加热炉金属表面，可装在铁盘等容器内。为防止干燥剂吸潮发胀，故只装容器容积的1/2～1/3，防止发胀后溢出，存放干燥剂后要关严人孔、手孔和其他孔盖，汽、水管道上的阀门必须截断，最好用盲板堵死。每月应检查一次，生石灰变成粉末状时及时更换。（2）湿法保养（停炉不超过一个月的可用湿法保养）：炉水最好用原来的炉水，再次是软化水，还可用碱液法，加碱后用微火加热至80～100℃，保持2～3h，使其循环炉水碱浓度均衡。压力降低时，再把炉水加满，保养期间需一直保持这个压力，碱度应定期化验，降低时，应随时补充，碱液浓度可根据选用碱的成分来配制。加热炉重新使用前，应全部放出炉内碱水，需备有储液池，以便回收再利用。同时，须用净水冲洗。

41.“四合一”装置的结构组成有哪些？

“四合一”（加热、缓冲、沉降、分离）装置用于油井采出液的收集和初步加工，可分为加热段、水室、油室、缓冲段和沉降段等部分，由气液分离筒、捕雾器、烟管、火管、进液分配管、油水界面仪、液位传感器、隔板等组成。

42.“四合一”装置的工作原理是什么？

油气水混合液（井排来液）从进口管线进入气液分离筒，进行一级气液分离。被分离出的天然气通过容器上部空间。在这个过程中，气液进行二级分离。液滴在重力作用下与分离并向下沉降，而天然气则流经捕雾器后进入天然气管线。从气液分离筒分离出来的含水原油，通过进油分配管进到加热段壳体底部，均匀地从管内流出，绕流火管和烟管，吸热升温后通过隔板上部空间溢流到沉降段。在沉降段内由于密度不同进一步重力分离，其中大部分游离水在重力作用下与原油分离沉降到壳体底部。在沉降段形成一个 1.8m 左右的油水界面。水从隔板底部进入水室，从放水口放出。油经隔板上部溢流进入油室，从油出口排出。

43.“四合一”装置巡回检查的内容有哪些？

（1）检查液位、进出口压力、温度等参数：①运行压力在 0.05～0.20MPa 之间；②出口温度根据不同季节和原油脱水要求控制在 45～65℃之间；③油、水室液位：油室液位控制在 0.6～1.5m 之间，水室液位控制在 2.8～3.5m 之间；

④出口原油含水率应不大于30%；⑤水出口污水含油一般不大于1000mg/L，污水含聚合物时，其含油量一般不大于3000mg/L。

（2）检查烧火间（燃烧器及附属设备）和消防器材：①燃烧器运行正常，燃气压力在0.05～0.25MPa之间；②燃烧器与火管的连接处无过热（变色）现象；③消防设施、器材完好，在校验有效期内。

（3）检查安全附件：温度计、液位计、安全阀在检定校验有效期内，安全阀的控制阀处于全开状态。

（4）检查工艺流程、阀门：工艺、阀门无泄漏，流程正确。

（5）检查“四合一”装置本体及附属部件：①加热炉外表面保温层无裂缝、损坏，烟囱根部无过烧腐蚀，与炉体连接螺栓无松动，绷绳松紧合适；②防雷接地线无松脱。

44. 游离水脱除器的用途是什么？

游离水脱除器的用途是缓冲、沉降、分离。

45. 游离水脱除器的结构由哪几部分组成？

游离水脱除器主要由壳体、分液板、金属皱纹板聚结器、集油槽和集水槽等组成。

46. 容器常用的液面调节和控制方法是什么？它是由什么组成的？

容器的液面调节和控制常用浮子式液面调节器，它是由浮漂连杆机构和调节阀组成。

47. 油罐有哪几种类型？

油罐分类：（1）按材质分为金属罐、非金属罐。（2）按结构形式分为立式圆柱形油罐、卧式圆柱形油罐、球形油罐，其中立式圆柱形油罐包括锥顶油罐、悬链式无力矩顶油罐、拱顶油罐、浮顶油罐。（3）按建造方式分为地下油罐、半地下油罐、地上油罐。（4）按设计压力分为常压储油罐、低压储油罐、高压储油罐。

48. 浮顶油罐与拱顶油罐相比有哪些优点？

（1）大幅度减少了油罐的大小呼吸损耗。（2）降低了油罐的腐蚀程度和速度。（3）减少了火灾危险性。

49. 油罐的安全附件有哪些？

油罐的安全附件有机械呼吸阀、液压安全阀、阻火器、泡沫发生器及避雷针等。

50. 油罐的阻火器有什么作用？

当有火焰通过阻火器时，金属皱纹网吸收燃烧气体的热量，使火焰熄灭，从而防止外界火焰经呼吸阀引入罐内。

51. 上油罐操作时必须遵守哪些安全规定？

（1）上油罐检查应使用防爆手电筒。（2）一次上油罐人数不超过五人。（3）雷雨时禁止上油罐。（4）不准穿带钉子的鞋上油罐。（5）遇有5级以上大风时，禁止上油罐。（6）正确佩戴安全帽，正确使用安全带。（7）上油罐前触摸静电释放器，消除人体静电。

52. 电脱水器的作用是什么？

电脱水器的作用是：在电场中，由于电场对水滴的作用，削弱了水滴界面膜的强度，促进水滴的碰撞，使水滴聚结成粒径较大的水滴，从原油中沉降下来。

53. 电脱水器从外形上可分哪两种？

电脱水器从外形上可分为立式和卧式两种。

54. 电脱水器从内部结构上可分为哪几种？

电脱水器从内部结构上可分为多层极盘式、鼠笼式、多室式、垂直平衡组合式、极盘鼠笼组合式等。

55. 电脱水器从脱水方式上可分为哪几种？

电脱水器从脱水方式可分为直流电脱水器、交流电脱水器、交直流复合电脱水器。

56. 电脱水器在哪些情况下不准送电？

（1）进油后未放气或有气时。（2）压力在 0.1MPa 以下时。（3）顶部有人或安全阀未关闭时。

57. 离心泵由哪几部分组成？

离心泵由转动部分、泵壳部分、密封部分、平衡部分、轴承部分和传动部分组成。

58. 离心泵的性能参数有哪些？

离心泵的性能参数有流量、扬程、转速、功率、效率、允许吸入高度、比转速。

59. 离心泵转动部分由哪几部分组成？

离心泵转动部分由泵轴、叶轮、轴套等组成，是产生离心力和能量的旋转主体。

60. 离心泵的工作原理是什么？

液体由吸入管进入离心泵吸入室，然后流入叶轮，叶轮在泵壳内高速旋转，产生离心力。充满叶轮的液体受离心力作用，从叶轮四周被高速甩出，高速流动的液体汇集在泵壳内，其速度降低，压力增大。根据液体总要从高压区流向低压区的原理，泵壳内的高压液体进入压力低的出口管线（或下一级叶轮），在叶轮的吸入室中心处形成低压区，液体在外界压力的作用下，源源不断地进入泵内，使泵连续工作。

61. 离心泵型号有哪些表示方法？请举例说明。

离心泵型号表示方法通常有三种：（1）用比转速表示，如 8BA－6×4，“8”表示吸入口直径为 8in；“BA”表示单级单吸悬臂式离心泵；“6”表示缩小 10 倍后的比转速；

“4”表示叶轮级数。（2）用扬程表示，如 DG85－45×4，“DG”表示多级锅炉给水泵；“85”表示泵的排量为 85m^3/h；“45”表示单级扬程；“4”表示叶轮级数。（3）用流量和扬程表示，如 D300－150×10，“D”表示单吸多段式离心泵；“300”表示泵的排量为 300m^3/h；“150”表示单级扬程；“10”表示叶轮级数。

62. 叶轮按结构可分为哪几种形式？

叶轮按结构可分为封闭式、敞开式、半封闭式三种形式。

63. 泵壳的作用是什么？

泵壳的作用是将液体均匀地引入叶轮，并把叶轮甩出的高压液体汇集起来导向下一段叶轮或排出口，并且降低叶轮甩出的液体速度，把液体动能转变为压力能。通过泵壳可把泵的各固定部分连为一体，组成泵的定子。

64. 离心泵常用密封装置有哪些？

离心泵常用密封装置有密封环（口环）、密封填料盒（填料箱）和机械密封（端面密封）。

65. 离心泵密封环的作用是什么？

离心泵密封环是用来防止液体从叶轮排出口通过叶轮和泵壳之间的间隙漏回入口，以减少容积损失；同时叶轮与泵壳接缝处如产生机械摩擦，磨损后只需更换密封环而不必更换叶轮和泵壳。

66. 离心泵平衡部分的作用是什么？

离心泵平衡部分主要是用来平衡离心泵运行时产生的平行于泵轴并指向叶轮进口的轴向推力。

67. 轴承部分的作用是什么？

轴承部分主要是用来支撑泵轴并减少泵轴旋转时的摩擦阻力。

68. 离心泵传动部分的作用是什么？

离心泵传动部分是传递电动机能量，缓冲轴向、径向的振动以及自动调整泵与电动机同心。

69. 离心泵哪些地方有密封点？

（1）叶轮高、低压端间。（2）多级泵级间。（3）轴的两端。

70. 离心泵泵轴的工作特点是什么？

离心泵泵轴是在弯曲和扭转联合作用下工作的，它一方面支撑旋转，另外也承受弯曲，这样才能把原电动机的旋转运动和扭矩传递给叶轮，所以轴受到的应力多数为变应力，它所受到的损坏主要是疲劳损坏。

71. 离心泵的特性曲线有哪几种？

（1）扬程－流量特性曲线（$H-Q$）。（2）功率－流量特性曲线（$N-Q$）。（3）效率－流量特性曲线（$\eta-Q$）。

72. 离心泵分几级保养？其保养周期如何划分？

（1）例行保养，8h。（2）一级保养，1000h±8h。（3）二级保养，3000h±24h。（4）三级保养，10000h±48h。

73. 离心泵一级保养的工作内容是什么？

（1）完成例行保养的工作内容。（2）检查前后密封填料是否缺失，密封填料漏失量是否在10～30滴/min，压盖是否完好，轴套有无磨损，密封填料漏失是否超量。（3）检查各部位螺钉有无松动和滑扣现象。（4）检查润滑室是否缺油。（5）检查联轴器弹性胶垫、胶圈是否完好。（6）检查压力表是否灵活好用，各部位不渗、不漏。（7）检查清洗过滤器，过滤缸内清洁无杂质，滤网完好。

74. 离心泵的能量损失有哪几种？

离心泵的能量损失有三种，即容积损失、机械损失和水力损失。

75. 离心泵出口流量和压力调节方法有哪些？

（1）改变泵出口阀门开启度。（2）用泵进出口连通阀门调节回流量。（3）改变电动机转速。（4）改变叶轮数目和切削叶轮外径。（5）改变泵连接方式。

76. 启动离心泵时，为什么要关闭出口阀门？

当泵出口阀门关闭时，泵的排量为零，这时泵的功率最小。另外，当离心泵启动时电流为额定工作电流的 4 倍～7 倍。因此，在启泵时，为减小电动机的启动负荷，必须把出口阀门关闭。

77. 常用轴承的种类有哪几种？

常用轴承有滑动轴承和滚动轴承。

78. 滚动轴承由哪几部分组成？

滚动轴承一般由外圈、内圈、滚动体和保持架组成。

79. 怎样检查滚动轴承的好坏？

（1）滚动体及滚道表面不能有斑、孔、凹痕、剥落、脱皮等现象。（2）用手转动应灵活，并逐渐减速平稳停止，不能突然停下，不能有振动。（3）隔离架与内外圈应有一定的间隙，可用手在径向推动隔离架试验。（4）检查间隙是否合格。

80. 泵轴常见的损坏形式有哪几种？

（1）泵轴的弯曲变形。（2）静配合表面磨损。（3）动配合轴颈磨损。（4）泵轴的表面腐蚀磨损。

81. 联轴器的作用及分类有哪些？

联轴器的作用：（1）电动机与泵之间起传递动力的作用。（2）安装泵和电动机找正的依据。联轴器的分类：联轴器可分为刚性联轴器与弹性联轴器两大类。

82. 设备润滑“五定”及十字作业法内容有哪些？

设备“五定”内容：定人、定点、定量、定时、定质。设备十字作业法内容：清洁、调整、紧固、润滑、防腐。

83. 齿轮泵由哪几部分组成？

齿轮泵属于容积式转子泵，构造比较简单，由泵壳、相互咬合的主动轮和从动轮、齿轮轴、轴承、轴承座盖及安全阀等组成。

84. 齿轮泵的作用及其特点有哪些？

齿轮泵主要用于输送黏度大的液体，在生产系统中常用于加热炉燃料输送，它的特点是扬程高、排量小。

85. 什么是往复泵？往复泵由哪几部分组成？

往复泵是容积泵的一种，是依靠活塞的往复运动改变工作缸容积来输送液体。往复泵由泵缸部分和传动部分组成。泵缸部分主要由泵体、活塞和进出液两个单向阀组成，传动部分主要由变速箱、曲柄连杆机构组成。

86. 往复泵的特点是什么？

（1）往复泵流量的大小与泵的尺寸和冲程数有关，而与泵所产生的扬程无关。（2）往复泵所产生的扬程理论上可以无限大，其扬程大小取决于泵本身的强度和严密性及传动力的大小。（3）往复泵吸入能力强，适宜输送黏性液体和黏度随温度变化大的液体。（4）往复泵效率高，扬程高，但排量较小。

87. 隔膜泵的结构由哪几部分组成？

隔膜泵主要由电动机、传动箱、缸体三部分组成。

88. 原油集输站库工艺流程包括哪几部分？

原油集输站库工艺流程分为两个部分：（1）正常生产工艺流程（收油流程，油气处理流程，外输油流程）。（2）辅助流程（油、气燃料及采暖伴热，加热保温，扫线，润滑油系统和污油回收系统）。

89. 串联管路的特点有哪些？

（1）串联管路中，各管段的流量相等。（2）全管路的水头损失等于各管段水头损失之和。

90. 并联管路的特点有哪些？

（1）各管路的流量之和等于流进并联管路或流出并联管路的总流量。（2）并联各管路的水头损失均相等。

91. 集散控制系统的工作过程是怎样的？

（1）首先是通过采样器测取被控装置各参数，再经 A/D 转换器将模拟信号转换成数字信号。（2）接着计算机将测量参数值与设定值进行比较，计算出输出值，输出值再经过 D/A 转换器将数字信号转换成模拟信号，传输到现场控制器，来调节控制装置的各项参数。（3）然后再取样、转换、计算、调节形成连续循环。

92. 变频控制器的结构由哪几部分组成？

变频控制器分为四个主要部分：整流器、中间电路、逆变器、控制电路。

93. 什么叫阀门？阀门的作用是什么？

阀门是一种通过改变其内部通道截面积来控制管路内介质流动的通用机械产品。阀门的作用：（1）截断介质的流动。（2）调节管路中介质的流量。（3）控制管路中介质的流动方向。

94. 阀门如何分类？可分为哪几类？

（1）按驱动方式可分为手动阀、动力驱动阀、自动阀。

（2）按公称压力可分为：①真空阀：公称压力低于标准大气压。②低压阀：公称压力为 0.4～1.6MPa。③中压阀：

公称压力为 2.5～6.4MPa。④高压阀：公称压力为 10～100MPa。⑤超高压阀：公称压力不小于 100MPa。

（3）按公称通径可分为：①小口径阀：DN≤40mm。②中口径阀：DN 为 50～300mm。③大口径阀：DN 为 350～1200mm。④特大口径阀：DN≥1400mm。

95. 阀门与管道连接方式有哪几种？

阀门与管道连接方式：（1）法兰连接。（2）螺纹连接。（3）焊接连接。（4）卡箍连接。（5）卡套连接。

96. 针型阀的特点有哪些？

针型阀的特点是密封性良好，使用寿命长，即使密封面损坏后，只需更换易损零件，就可继续使用。安装时应使介质流向与阀体上的箭头方向一致。

97. 闸阀的特点有哪些？

（1）流动阻力小，结构长度小，启闭较有力。（2）介质流动方向不受限制，启闭时间长。（3）密封面易擦伤，结构复杂，成本高。

98. 截止阀的特点有哪些？

（1）结构简单，制造方便，密封性能好，使用寿命长。（2）启闭快，关闭高度小；关闭时，克服力矩大，通径受限制。（3）流动阻力大，介质受方向限制。

99. 什么是单流阀和止回阀？其作用及工作特点分别是什么？

单流阀是一种当介质正向流动时阀门保持开启，介质反向流动时阀门关闭的简单机械设备，又称逆止阀，它的作用是防止管路中介质倒流。止回阀属于自动阀类，其启闭动作是由介质本身的能量来驱动的。

100. 安全阀（安全泄压阀）的作用是什么？

安全阀是当压力达到或超过设定压力时自动开启，降低设备内过高的压力。作用是保护压力容器或长输管道的运行安全。

101. 安全阀定期校验是如何规定的？

安全阀定期校验每年至少一次，对于超压未爆破的爆破片应立即更换。

102. 什么是气动阀？气动阀的作用有哪些？

气动阀就是借助压缩空气驱动的阀门。气动阀是指在气动系统中控制气流的压力、流量和流动方向，并保证气动执行元件或各类气动元件正常工作。控制和调节压缩空气压力的元件称为压力控制阀。控制和调节压缩空气流量的元件称为流量控制阀。改变和控制气流流动方向的元件称为方向控制阀。气动阀的作用是用来控制和调节管道内的流体，禁止或允许其通过。

103. 什么是电动阀？电动阀的作用有哪些？

电动阀是指用电动执行器控制阀门，从而实现阀门的开关。分为上下两部分，上半部分为电动执行器，下半部分为阀门。主要有两种，一种为角行程电动阀：由角行程的电动执行器配合角行程的阀使用，实现阀门 90° 以内旋转，控制管道流体通断；另一种为直行程电动阀：由直行程的电动执行器配合直行程的阀使用，实现阀板上下动作控制管道流体通断。通常在自动化程度较高的设备上配套使用。电动阀用于液体、气体和风系统管道介质流量的模拟量调节，是 AI 控制，在大型阀门和风系统中也可以用电动阀做两位开关控制。电动阀的驱动一般用于电动机，开关动作完成需要一定时间模拟量，可以做调节。

104. 什么是电磁阀？电磁阀的作用有哪些？

电磁阀是当电磁线圈通电后，产生磁力吸引克服弹簧的压力带动阀芯动作，结构简单。电磁阀用于液体和气体管路的开关控制，是 DO 控制，一般用于小型管道的控制，常见于 DN50 及以下管道；电磁阀通过线圈驱动，只能开或关，开关时动作时间短。

105. 双金属温度计的工作原理是什么？

双金属温度计采用双金属片作为感温元件进行温度测量。当温度变化时，一端固定的双金属片由于两种金属膨胀系数不同而产生弯曲，自由端的位移通过传动机构带动指针指示出相应温度值。

106. 双金属温度计具有哪些特点？

双金属温度计具有结构简单、刻度清晰、抗振动性能好、准确度较低的特点。

107. 温度测量仪表如何分类？可分为哪几种？

温度仪表按测量范围可分为：（1）低温计：测量温度在 550℃以下；（2）高温计：测量温度在 550℃以上。按测量方法可分为：（1）接触式测温仪表；（2）非接触式测温仪表。按工作原理可分为：（1）膨胀式温度计；（2）压力式温度计；（3）电阻温度计；（4）热电偶温度计；（5）辐射温度计。

108. 压力式温度计的工作原理是什么？

测量时，温包放在被测介质中，当被测介质温度发生变化时，温包内感温物质受热使压力发生变化；温度升高，压力增加，温度降低，压力减少。压力的变化经毛细管传递到弹簧管，弹簧管一端固定，另一端（自由端）因压力变化而产生位移，通过传动机构带动指针指示出相应温度值。

109. 压力式温度计具有哪些特点？

（1）毛细管最大长度可达 60m，所以该温度计既可就地测量，又可在 60m之内的地方测量。（2）刻度清晰，价格便宜。（3）因示值由毛细管传递，滞后时间长；另外毛细管机械强度较低，易损坏。（4）易加工成各种温度开关（或称温度控制器）。

110. 热电阻温度计的测温原理是什么？

热电阻的测温原理是基于金属的电阻值随温度变化而变化，再用显示仪表测量出热电阻的电阻值，从而得到与电阻值相对应的温度值。由热电阻连接导线和显示仪表所组成的测温仪表装置称为热电阻温度计。

111. 热电偶的测温原理是什么？

在两种不同导体 A、B 组成的闭合回路中，若使两接点处于不同温度，则回路就会出现电动热，称为热电势；热电势的大小只与导体 A、B 的材料性质及被测物体的温度有关，因此测得的热电势大小，也为测得温度值。

112. 压力变送器工作原理是什么？

压力变送器主要由测压元件传感器（也称作压力传感器）、测量电路和过程连接件三部分组成。它能将测压元件传感器感受到的气体、液体等物理压力参数转变成标准的电信号（如 4～20mA DC 等），以供给指示报警仪、记录仪、调节器等二次仪表进行测量、指示和过程调节。

113. 温度变送器工作原理是什么？

温度变送器是一种用于测量温度并将其转换为标准信号输出的设备。它的工作原理基于热电效应和电阻效应，通过将温度传感器的信号转换为标准信号输出，以便于传输和处理。温度变送器在工业自动化控制系统中有广泛的应用，可以实现对温度的监测和控制。

114. 液位传感器工作原理是什么？

当被测介质的两种压力通入高、低两压力室，作用在敏感元件的两侧隔离膜片上，通过隔离膜片和元件内的填充液传送到测量膜片两侧。液位传感器是由测量膜片与两侧绝缘上的电极各组成一个电容器。当两侧压力不一致时，致使测量膜片产生位移，其位移量和压力差成正比，故两侧电容量就不等，通过振荡和解调环节，转换成与压力成正比的信号。

115. 测压仪表根据转换原理的不同可分为哪三类？

测压仪表根据转换原理的不同可分为：（1）液柱式压力计。（2）弹性压力计。（3）电气式压力计。

116. 常用的流量仪表按作用原理可分为哪几类？

常用的流量仪表按作用原理可分为：（1）面积式流量计。（2）差压式流量计。（3）流速式流量计。（4）容积式流量计。

117. 面积式流量计适用于测量哪种介质？

面积式流量计适用于空气、氮气、水和与水相似的其他安全流体的小流量测量，如玻璃转子流量计。

118. 差压式流量计适用于测量哪种介质？

差压式流量计适用于非强腐蚀的单流体流量测量，允许有一定压力损失，如节流装置流量计。

119. 流速式流量计适用于测量哪种介质？

流速式流量计主要用于水的计量，如旋翼式水表；测量饱和蒸汽的质量、流量，如分流旋翼式蒸汽流量计。

120. 容积式流量计适用于测量哪种介质？

容积式流量计适用于高黏度介质流量的测量，如齿轮流量计、腰轮流量计。

121. XSJ-38 型流量水表由哪两部分组成？

XSJ-38 型流量水表由 CWB T 系列可拆式流量变送器和 XSJ-38 型流量显示积算仪组成。

122. XSJ-38 型流量水表的工作特点是什么？

（1）可拆卸式结构，便于维护保养。（2）互换性能好。（3）易损件少，适应性强，压力损失小。（4）数据收取准确方便。

123. 电磁流量计工作原理是什么？

电磁流量计工作原理是根据法拉第电磁感应定律，在与测量管轴线和磁力线相垂直的管壁上安装了一对检测电极，当导电液体沿测量管轴线运动时，导电液体切割磁力线产生感应电势，此感应电势由两个检测电极检出，数值大小与流速成正比。

124. 使用玻璃管液位计时应注意什么？

（1）为防止玻璃管意外被打碎，液位计必须有防护罩。（2）定期清洗玻璃管，使液位显示清晰。（3）应根据被测介质的压力和温度，合理选用液位计，不得超压使用玻璃管液位计。

125. 磁翻板液位计的工作原理是什么？常见的问题有哪些？

（1）磁翻板液位计（也称磁性浮子液位计）根据浮力原理和磁性耦合作用研制而成。当被测容器中的液位升降时，液位计本体管中的磁性浮子也随之升降，浮子内的磁钢通过磁性耦合传递到磁翻柱指示器上，驱动红、白翻柱翻转 180°，当液位上升时翻柱由白色转变为红色，当液位下降时翻柱由红色转变为白色，指示器的红白交界处为容器内部液位的实际高度，从而实现液位清晰的指示。

（2）磁翻板液位计使用过程中常见的问题有：①显示面板显示异常；②就地显示正常，远传显示不正常；③远传和磁翻板都不动。

126. 自动化仪表故障诊断的方法有哪些？

（1）外观检查：对仪表的表盘、外壳、指针、旋钮等进行检查，然后检查各种插件和连线，另外还有熔断丝、继电器、元件焊点、零部件排列等，观察这些部位是否处于正常状态。

（2）开机检查：观察内部的各发光元件是否正常发光；是否发出异常声音，是否出现冒烟、放电等异常现象，或有焦煳等异味散发；电动机等发热元件的温度是否在规定范围内；机械传动部分、齿轮是否整齐啮合，有无变形、磨损或卡死的情况。

（3）电压法：借助万用表测量可能出现故障部分的电压，包括直流电压测量，如电子管、直流供电电压、集成块各引出角对地电压；交流电压测量，如交流稳压器输出电压。

（4）断路法：在初步判定后，将可能出现故障的部分与整个电路切断，观察故障是否会消失。

127. 压力表主要内部结构有哪些？

压力表内部结构主要由中心轴、扁曲弹簧管、扇形齿轮、连杆机构、齿轮轴、小齿轮和游丝等组成。

128. 压力表的作用是什么？

压力表是观察压力变化，掌握生产动态的计量仪表，它的准确性直接关系录取资料的准确性，因此，除正确使用压力表外还要定期进行校对。

129. 压力表下为什么安装表接头？

压力表安装表接头的原因：（1）压力表的螺纹和阀门的

螺纹不一样，一个是公制螺纹，一个是英制螺纹。（2）压力表的螺纹多是软质金属（铜），拆装的次数多了容易损坏，装表接头以后，既能使扣形相符又能延长压力表的使用寿命。

130. 如何正确读取压力值？

正确读取压力值的方法：（1）眼睛对准表盘刻度，眼睛、表针和刻度之间成垂直于表盘的直线。（2）如果指针摆动，应多读取几次，取平均值，确保结果准确。

131. 压力表出现哪些情况必须停用？

压力表出现下列情况必须停用：（1）压力表指针在无压力时不归零，且离零位的数值超过压力表允许误差。（2）表面玻璃破碎或表盘刻度不清晰。（3）铅封损坏或超过检定有效期限，无有效合格证。（4）经检定不合格。（5）表内漏气（液）或指针跳动。（6）其他有影响压力表准确的缺陷。

132. 变压器运行中的检查包括哪些？

变压器在运行中，要定期进行下列巡视和检查，发现异常现象及时处理或报告有关人员。检查内容：（1）设备名称、标志齐全完好。（2）注意变压器运行时的声音。运行正常时为有规则的、清脆的嗡嗡声，如有异常响声或不规则的放电声则可能存在故障。（3）检查外壳及各密封连接处有无渗漏现象，检查油量是否达到油面线。（4）变压器呼吸器里的除湿硅胶是否失效。（5）查看绝缘套管有无损伤及放电痕迹。（6）检查接地和防雷装置是否良好。（7）变压器不允许超负荷运行。

133. 何谓安全电压？分几个等级？

安全电压是为防止触电事故而采用的特殊电源供电

的电压系统。安全电压有 6V、12V、24V、36V、42V 五个等级。

134. 原油脱水方法有几种？

原油脱水方法有重力沉降脱水、热化学脱水和电脱水。

135. 电脱水器工作压力规定在什么范围内？

电脱水器的工作压力范围值一般为0.2～0.28MPa，最高工作压力小于0.3MPa。

136. 电脱水器运行有哪些注意事项？

（1）电脱水器在正常运行过程中，应做到“三勤五平稳”。三勤是指勤检查、勤分析、勤调整；五平稳是指温度平稳、压力平稳、加药量平稳、排量平稳、液位平稳。

（2）电脱水器操作中，不允许电脱水器内上部出现气体。

（3）当脱水器电场建立起来以后，尽量避免低电压运行。

（4）脱水器跳闸后，连续送电不准超过 2 次。

（5）电脱水器操作温度应保持在设计规定范围内。

（6）脱水变压器的“零线”必须可靠接地，以免发生生产事故。

137. 不同集输工艺管线颜色分别代表什么含义？

灰色—油管线；天然气管线—黄色；清水管线—绿色；污水管线—褐色；注水、注聚管线—蓝色；药剂—橘黄色；伴热管线—银白色；消防管线—红色；污油管线—黑色。

138. 何谓密闭集输工艺流程？主要特点有哪些？

油气集输的整个系统（井口→计量站→中转站→脱水站→油库）都不开口，不与大气接触，这种集输工艺称为密闭集输工艺流程。其特点：集输流程油气损耗小，环境污染少，自动化程度高。

139. 何谓非密闭集输工艺流程？主要缺点有哪些？

原油在整个集输工艺过程中，采用常压罐存油，油气与大气接触，即为非密闭集输流程。其缺点是油气损耗大，环境污染大，自动化程度低。

二、HSE知识

（一）名词解释

1. 静电：由于物体与物体之间的紧密接触后再分离，或者相互摩擦，发生了电荷转移，破坏了物体原子中的正负电荷的平衡而产生的电。

2. 触电：人体触及带电体或者带电体与人体之间闪击放电，或者电弧波及人体时，电流通过人体进入大地或者其他导体，这种情况就称为触电。

3. 跨步电压触电：是指当带电体接地有电流入地下时，电流在接地点周围土壤中产生电压降，人在接地点周围两脚之间的电压即跨步电压，由此引起的触电称为跨步电压触电。

4. 间距：就是保证必要的安全距离，防止触及或过分接近带电体，防止火灾、防止混线、方便操作的作用。在低压工作中，最小检修安全距离不应小于 0.1m。在高压工作中，最小检修安全距离为 10kV 及以下不应小于 0.7m，20～35kV 不应小于 1.0m，60～110kV 不应小于 1.5m。

5. 保护接零：在正常情况下，将电气设备不带电的导电部分与低压配电网的零线连接起来，防止漏电发生触电事故。

6. **保护接地**：在正常情况下，将电气设备不带电的导电部分与接地体连接起来，防止漏电发生触电事故。

7. **燃烧**：可燃物与氧化剂作用发生的放热反应，通常伴有火焰、发光和（或）发烟现象。

8. **闪燃**：可燃液体挥发的蒸气与空气混合达到一定浓度，遇明火发生一闪即逝的燃烧，或者将可燃固体加热到一定温度后，遇明火会发生一闪即灭的现象称为闪燃。

9. **闪点**：在一定条件下，液体挥发的蒸气与空气形成混合物，遇火源能够产生闪燃的液体最低温度，称为闪点。

10. **自燃**：某些可燃物质在没有外部火源（火花、火焰）的情况下，在其本身内部的生物、物理或化学作用产生的热量并积蓄使温度不断上升，自然燃烧起来的现象。

11. **着火**：可燃物质在空气中与火源接触，达到某一温度时，开始产生有火焰的燃烧，并在火源移去后仍能持续并不断扩大的燃烧现象，称为着火。

12. **爆炸**：物质发生变化的速度不断急剧增加，并在极短的时间内释放出大量能量的现象，称为爆炸。

13. **爆炸极限**：当可燃气体、可燃液体的蒸气或可燃粉尘和空气（或氧气）均匀混合达到一定浓度范围时，遇到火源就会发生爆炸，这个浓度范围称为爆炸极限范围或爆炸极限。

14. **火灾**：在时间或空间上失去控制的燃烧所造成的灾害。

15. **冷却法**：将灭火剂直接喷洒在可燃物上，使可燃物的温度降低到自燃点以下，从而使燃烧停止的方法。

16. **窒息法**：采取适当的措施，阻止空气进入燃烧区或用惰性气体冲淡、稀释空气中的含氧量，使燃烧物质因缺氧而熄灭的方法。

17. **隔离法：**将可燃物与助燃物、火焰隔离，控制火势蔓延的方法。

18. **抑制法：**将化学灭火剂喷入燃烧区参与燃烧反应，终止燃烧的链反应，从而使燃烧物停止燃烧的方法。

19. **高危作业：**高处作业、动火作业、进入受限空间作业、移动吊装作业、临时用电作业、挖掘作业、管线打开以及其他容易导致人员伤亡事故的作业等。

20. **作业许可：**通常是针对非常规作业和高危作业，采取的许可审批措施，实现对危害和风险的有效辨识、评估、沟通和遵守，从而保证作业过程的安全。

21. **高处作业：**凡是在坠落高度基准面2m（含2m）以上，有可能坠落的高处进行作业称为高处作业。

22. **受限空间作业：**在封闭或部分封闭，进出口较为狭窄有限，未被设计为固定工作场所，自然通风不良，易造成有毒有害、易燃易爆物质积聚或氧含量不足的空间作业称为受限空间作业。

23. **安全隐患：**生产经营单位违反安全生产法律、法规、规章、标准、规程、安全生产管理制度的规定，或者其他因素在生产经营活动中存在的可能导致不安全事件或事故发生的不安全状态、人的不安全行为和管理上的缺陷。从性质上分为一般安全隐患和重大安全隐患。

24. **危险源：**可能造成人员伤害、职业相关病症、财产损失、作业环境破坏或其组合的根源或状态。事故隐患一定是危险源，危险源不一定是事故隐患。

25. **风险：**在HSE管理体系中是指某一特定危害事件发生的可能性与后果严重性的组合。风险是指特定事件发生的概率和可能危害后果的函数：风险=可能性×后果的严重程度。

26. 危险因素：能对人体造成伤亡或对物体造成突发性损坏的因素（强调突发性和瞬间作用）。

27. 危险区域：存有爆炸危险性气体或液体、蒸气与空气混合形成爆炸性气体混合物，当有引爆源时即可产生爆炸或燃烧的区域称为爆炸危险区域，简称危险区域。

28. 上锁/挂牌：在生产运行、检维修作业或其他作业过程中，为防止人员误操作导致危险能量和物料的意外释放（如计量工艺切换，防止阀门组误操作；维修离心泵，意外启动造成伤害；管网维修，管网内物料意外涌出等）而采取的一种对动力源、危险源进行锁定、挂牌的风险管控措施。

29. 应急预案：面对突发事件如自然灾害、环境公害及人为破坏的应急管理、指挥、救援计划等。它一般应建立在综合防灾规划上，其几大重要子系统为：完善的应急组织管理指挥系统；强有力的应急工程救援保障体系；综合协调、应对自如的相互支持系统；充分备灾的保障供应体系；体现综合救援的应急队伍等。

30. 正压式空气呼吸器：在任一呼吸循环过程中，面罩与人员面部之间形成的腔体内压力不低于环境压力的一种空气呼吸器。

31. 人体静电消除器：采用一种无源式电路，利用人体静电使电路工作，最后达到消除静电的作用。

32. 气体检测仪：一种气体泄漏浓度检测的仪器仪表工具，主要利用气体传感器来检测环境中存在的气体种类和浓度，气体传感器是用来检测气体的成分和含量的传感器。

33. 危险化学品：具有易燃、易爆、有毒、腐蚀、放射性等危险特性，在生产、储存、运输、使用和废弃物处置过程中极易造成人身伤亡、财产损失、污染环境的化学品。

34. 噪声：物体的复杂振动由许许多多频率组成，而各频率之间彼此不成简单的整数比，这样的声音听起来既不悦耳也不和谐，还会使人产生烦躁，这种频率和强度都是由不同的各种声音杂乱组合而产生的声音称为噪声。

（二）问答

1. 哪些物质易产生静电？

金属、木材、塑料、化纤、油制品等易产生静电。

2. 物质产生静电的条件是什么？

金属、木材、塑料、化纤、油制品等在高温、高压、干燥的情况下易产生静电。

3. 为什么静电能将可燃物引燃？

因为可燃性气体及蒸气与空气混合的最小引燃能量为0.009mJ，可燃性气体与氧气混合的最小引燃能量为0.0002～0.0027mJ，粉尘的最小引燃能量为5～60mJ，通常静电放出的电火花能量，完全能使可燃物引燃。

4. 防止静电有哪几种措施？

增加湿度；采用感应式静电消除器；采用高压电晕放电式消除器；采用离子流静电消除器；采用防静电服；采用防静电鞋经地面导电。

5. 消除静电的方法有几种？

（1）静电接地。（2）增湿。（3）加抗静电添加剂。（4）静电中和器。（5）工艺控制法。

6. 人体发生触电的原因是什么？

在电路中，人体的一部分接触相线，另一部分接触其他导体，就会发生触电。触电的原因：（1）违规操作。（2）绝缘性能差漏电，接地保护失灵，设备外壳带电。（3）工作环境过于潮湿，未采取预防触电措施。（4）接触断落的架空输电线或地下电缆漏电。

7. 触电分为哪几种？

触电主要分为单相触电、两相触电、跨步电压触电三种。

8. 触电的现场急救方法主要有几种？

人工呼吸法、人工胸外心脏按压法两种。

9. 发生人身触电应该怎么办？

（1）快速切断电源或拔出电源插头。

（2）若不能快速切断电源，应使触电者脱离电源。

①用绝缘物使触电者脱离电源。②现场可采用短路法使断路器跳闸或用绝缘杆挑开导线。③脱离电源时要防止触电者摔伤。

（3）现场人员应立即拨打“120”急救电话，并向负责人汇报。

（4）现场设置隔离警示标识，以防其他人员误入后再次造成伤害。

（5）触电者脱离电源后再进行处理。

①如果触电者伤势不重，神志清醒，但有些心慌、四肢麻木、全身无力或者触电者曾一度昏迷，但已清醒过来；应使触电者躺平安静休息，暂时不要站立或走动，严密观察后送至医院。②如果触电者伤势较重，已失去知觉，但心脏跳动和呼吸还存在；应将触电者抬至空气畅通处，解开衣服（天气寒冷要注意保温），让触电者平直仰卧，且确保气道通畅（用软衣服垫在身下，使其头部比肩稍低，以免妨碍呼吸），并用10s时间，呼叫伤员或轻拍其肩部，以判断伤员是否意

识丧失并迅速送往医院，禁止摇动伤员头部呼叫伤员。③如果触电者伤势严重，呼吸停止或心脏跳动停止或二者都已停止；应立即采取心肺复苏术直至医疗人员接替救治。④应急处置工作结束后，应由专业人员进行现场排查与安全评估。

10. 预防触电事故的措施有哪些？

（1）采用安全电压：把可能加在人身上的电压限制在安全范围之内，使得在这种电压下，通过人体的电流不超过允许范围。（2）保证绝缘性能：用绝缘材料把带电体隔离起来，实现带电体之间、带电体与其他物体之间的电气隔离，使设备能长期安全、正常地工作，同时可以防止人体触及带电部分，避免发生触电事故。（3）采用屏护：采用遮栏、围栏、护罩、护盖或隔离板等把带电体同外界隔绝开来，以防止人体触及或接近带电体所采取的一种安全技术措施。（4）保持安全距离：在带电体与地面之间、带电体与其他设施、设备之间、带电体与带电体之间保持的一定安全距离。（5）装设漏电保护器：漏电保护器是一种在规定条件下电路中漏（触）电流值达到或超过其规定值时能自动断开电路或发出报警的装置。（6）保护接零与接地：在中性点直接接地的低压电力网中，电力装置应采用低压接零保护。在中性点非直接接地的低压电力网中，电力装置应采用低压接地保护。

11. 安全用电注意事项有哪些？

（1）手潮湿（有水或出汗）不能接触带电设备或电源线。（2）各种电气设备，如电动机、启动器、变压器等金属外壳必须有接地线。（3）电路开关一定要安装在火线上。（4）在接、换熔断丝时，应切断电源。熔断丝要根据电路中的电流大小选用，不能用其他金属代替熔断丝。（5）正确选用电线，根据电流的大小确定导线的规格及型号。（6）人体不要直接与通电设备接触，应用装有绝缘柄的工具（绝缘手柄的夹钳等）操作电气设备。（7）电气设备发生火灾时，应立即切断电源，并用干粉灭火器灭火，切不可用水或泡沫灭火器灭火。（8）高大建筑物必须安装避雷器，如发现温升过高，绝缘下降时，应及时查明原因，消除故障。（9）发现架空电线破断、落地时，人员要离开电线地点 8m 以外，要有专人看守，并迅速组织抢修。

12. 燃烧分为哪几类？

燃烧按其发生瞬间的特点不同，分为闪燃、着火、自燃、爆炸四种类型。

13. 燃烧必须具备哪几个条件？

燃烧必须要具备三个基本条件：（1）可燃物是发生燃烧的基本条件之一，凡是能与空气中的氧或其他氧化剂起燃烧化学反应的物质称为可燃物。可燃物有固体、气体、液体等形态，例如木材、天然气、石油等。（2）助燃物质或称助燃剂，是指本身不能燃烧，但能供给燃烧所需要的氧的物质，如氧气、氯酸钾等氧化剂。（3）点火源。有一定的温度，即能引起可燃物质燃烧的热能，称为点火源。

14. 火灾过程一般分为哪几个阶段？

火灾过程一般可分为初期阶段、发展阶段、猛烈阶段、下降阶段和熄灭阶段五个阶段。

15. 扑救火灾的基本原则是什么？

（1）报警早，损失少。（2）边报警，边扑救。（3）先控制，后灭火。（4）先救人，后救物。（5）防中毒，防窒息。（6）听指挥，莫惊慌。

16. 灭火有哪些方法？

灭火方法有冷却法、窒息法、隔离法、化学抑制法四种。

17. 油气站库常用的消防器材有哪些？

油气站库常用的消防器材有正压式空气呼吸器、灭火器、室外消火栓、消防水带、消防桶、消防锹、消防砂、消防镐、消防钩、消防斧及泡沫灭火系统等。

18. 目前油田常用的灭火器有哪些？

目前油田常用的灭火器有泡沫灭火器、干粉灭火器、二氧化碳灭火器等。

19. 手提式干粉灭火器如何使用？适用于扑救哪些火灾？

（1）使用方法：①手提灭火器，把灭火器瓶体上下颠倒摇晃几次，让瓶内的干粉松动。②拔掉保险销。③在距离火焰 2～3m 处将灭火器的喷管瞄准火源根部。④一只手握住喷管，另一只手用力压下压把，喷出干粉即可。

（2）适用范围：扑救各种易燃、可燃液体和气体的火灾，以及电气设备火灾。

20. 使用干粉灭火器的注意事项有哪些？

（1）要注意风向和火势，不要逆风喷射，确保人员安全。（2）操作时要保持竖直，不能横置或倒置，否则导致不能将灭火剂喷出。（3）用干粉灭火器扑救流散液体火灾时，应从火焰侧面，对准火焰根部喷射，并由近而远，左右扫射，快速推进，直至把火焰全部扑灭。（4）用干粉灭火器扑救固体物质火灾时，应使灭火器喷嘴对准燃烧最猛烈处，左右扫射，并使干粉灭火剂均匀地喷洒在燃烧物的表面，直至把火全部扑灭。（5）喷射时要始终压住压把保证干粉不间断，抬起压把即可停止喷射。

21. 如何管理检查干粉灭火器？

（1）放置在通风、干燥、阴凉并取用方便的地方。（2）避免放置在高温、潮湿和腐蚀严重的场合，防止干粉灭火剂结块、分解。（3）灭火器一经开启必须再充装。（4）每季度检查干粉是否结块。（5）检查压力显示器的指针应在绿色区域。（6）干粉灭火器每三年做一次承压试验。

22. 如何报火警？

一旦失火，要立即报警，报警越早，损失越小，打电话时，一定要沉着。首先，要记清火警电话“119”，接通电话后，要向接警中心讲清失火单位的名称地址、什么东西着火、火势大小，以及着火的范围。同时还要注意听清对方提出的问题，以便正确回答。随后，把自己的电话号码和姓名告诉对方，以便联系。打完电话后，要立即派人到交叉路口等待消防车的到来，以利于引导消防车迅速赶到火灾现场。还要迅速组织人员疏散消防通道，消除障碍物，使消防车到达火场后能立即进入最佳位置灭火救援。

23. 泵房发生火灾的应急措施有哪些？

（1）切断通往泵房的所有电源，如值班室不能操作，应及时通知变电所切断通往本岗电源。（2）若火势较小，直接用灭火器和防火砂灭火，若火势较大，立即拨打“119”火警电话，立即启动应急预案。（3）向值班干部汇报。（4）导通事故流程。（5）打开所有消防通道，便于消防车灭火。（6）如果设备无损伤，应及时恢复正常生产。（7）灭火后，认真分析火灾原因。（8）做好记录。

24. 化验室发生火灾的应急措施有哪些？

（1）立即切断电源，如果在化验室不能操作，应及时回到值班室切断电源。（2）移开易燃物。（3）使用灭火器灭火，若火势较大难以控制时，立即拨打“119”火警电话。（4）汇报值班干部。（5）打开所有消防通道，迎接消防车。

（6）灭火后，认真分析火灾原因，做好记录。

25. 加热炉发生火灾时如何扑救？

加热炉是长期连续在高温状态下运行的设备，由于炉管长期在高温下工作，炉管破裂是引起加热设备着火的主要原因。炉管破裂着火时，首先要紧急停炉，关闭燃气（燃油）总阀门，关闭事故炉的烟道挡板和所有风门、原油进出口阀门，打开事故紧急放空阀进行放空泄压，然后利用地下消防栓配合灭火器材进行灭火。

26. 油、气、电着火如何处理？

（1）切断油、气、电源，控制容器内压力，隔离或搬走易燃物。（2）着火初期或小面积着火，在人身安全得到保证的情况下要迅速灭火，可用灭火器、消防砂、湿毛毡、湿棉衣等灭火，若不能及时灭火，要控制火势，阻止火势向油、气方向蔓延。（3）大面积着火，或火势较猛，应立即报火警。（4）油池着火，勿用水灭火。（5）电器着火，在没切断电源时，只能用二氧化碳、干粉等灭火器灭火。

27. 压力容器泄漏、着火、爆炸的原因及消减措施是什么？

压力容器泄漏、着火、爆炸的原因：（1）压力容器有裂缝、穿孔。（2）超压运行。（3）安全附件、工艺附件失灵或与容器结合处渗漏。（4）工艺流程切换失误。（5）容器周围有明火。（6）周围电路有阻值偏大或短路等故障发生。（7）雷击起火。（8）有违章操作（如使用非防爆工用具，使用非防爆劳保服装等）现象。

消减措施：（1）加强管理，消除一切火种。（2）压力容器应有使用登记和检验合格证。（3）对压力容器定期进行检查和检验并有检验报告。（4）定期检验安全附件。（5）按压力容器操作规程进行操作。（6）工艺切换严格执行相关操作规程。（7）确保防雷设施完好，定期测量接地电阻。（8）严格执行巡回检查制度。

28. 对火灾事故“四不放过”的处理原则是什么？

（1）事故原因分析不清不放过。（2）事故责任者和群众没有受到教育不放过。（3）事故责任者没有受到处罚不放过。（4）没有整改措施不放过。

29. 加热炉点火时要做到的“三不点”指的是什么？

（1）不检查不点。（2）天然气无控制不点。（3）火嘴、气管线漏气，炉膛内有余气不点。

30. 为什么要使用防爆型电气设备？

有天然气、石油蒸气等可燃气体、液体、粉尘的场所，电气设备发生短路、碰壳接地、触头分离等情况，会产生电火花，可能引起爆炸，因此，在易燃易爆场所，必须使用防爆型电气设备。

31. 哪些场所应使用防爆型电气设备？

在输送、装卸、装罐、倒装易燃液体或可燃气体的作业场所应使用防爆型电气设备。例如，在石油蒸气聚集较多的轻油泵房、轻油罐桶间等场所，所使用的电动机、启动器、开关、漏电保护器、接线盒、插座、按钮、电铃、照明灯具等，都必须是防爆型电气设备。

32. 防爆措施有哪些？

在爆炸条件成熟以前采取的措施防爆：（1）加强通风，降低形成爆炸混合物的浓度，降低危险等级。（2）合理配备现代化防爆设备。（3）采取科技手段，从多方面监测爆炸条件的形成和发展，以便及时报警。

33. 防爆灯为什么能防爆？

防爆灯座和灯罩之间设有间隙和防爆面，当灯内由爆炸产生的燃烧物经过间隙和防爆面时，即被冷却到安全限度以下，并能减弱灯内的爆炸压力点。灯外壳的散热装置和壳内隔热屏在工作时有良好的散热性能，使灯温不过高，达到防爆目的。

34. 高处作业的级别是如何划分的？

高处作业分为四级（作业基准面高度用 h_w 表示）。（1）一级高处作业：$2m \leqslant h_w < 5m$。（2）二级高处作业：$5m \leqslant h_w < 15m$。（3）三级高处作业：$15m \leqslant h_w < 30m$。（4）特级高处作业：$h_w \geqslant 30m$。

35. 受限空间安全作业五条规定是什么？

（1）必须对受限空间作业场所进行辨识，并设置明显安全警示标志，严禁无方案和防控措施作业。（2）必须严格落实作业审批制度，严禁擅自进入受限空间作业。（3）必须做到“先通风、再检测、后作业”，严禁通风、检测不合格作业。（4）必须对作业人员进行安全培训，严禁培训不合格上岗作业。（5）必须制订应急措施，现场配备应急装备，严禁盲目施救。

36. 登高巡回检查应注意什么？

（1）五级以上大风、雪、雷、雨等恶劣天气，禁止登高检查。（2）禁止攀登有积雪、积冰的梯子。（3）2m以上的登高检查和作业时必须系安全带。

37. 高空坠落的消减措施是什么？

（1）做好防腐工作并定期检查。（2）一次上梯人数不能超过 3 人。（3）冰雪天气操作前做好防滑措施，可采用沙子防滑。（4）在设备上作业操作时，应按规定佩戴安全带并选择合适位置悬挂。

38. 安全带通常使用期限为几年？几年抽检一次？

安全带通常使用期限为3～5年，发现异常应提前报废。一般安全带使用两年后，按批量购入情况应抽检一次。

39. 使用安全带时有哪些注意事项？

（1）安全带应高挂低用，注意防止摆动碰撞，使用3m以上的长绳时应加缓冲器，自锁钩用吊绳例外。（2）缓冲器、速差式装置和自锁钩可以串联使用。（3）不准将绳打结使用，也不准将钩直接挂在安全绳上使用，应挂在连接环上用。（4）安全带上的各种部件不得任意拆卸，更换新绳时应注意加绳套。

40. 安全帽使用期限为几年？

安全帽的使用期限是从产品制造完成之日开始计算，植物枝条编织帽不超过两年；塑料帽、纸胶帽不超过两年半；玻璃钢（维纶钢）橡胶帽不超过3.5年。规定到期的安全帽必须淘汰更新。

41. 如何正确佩戴安全帽？

安全帽的正确佩戴方法：（1）安全帽在佩戴前，应调整好松紧大小；安全帽内衬圆周大小调节到对头部稍有约束感，用双手试着转动安全帽，以基本不能转动，但不难受的程度，以不系下颚带低头时安全帽不会脱落为宜。（2）安全帽由帽衬和帽壳两部分组成，帽衬必须与帽壳连接良好，同时帽衬与帽壳不能紧贴，应有一定间隙，该间隙一般为2～4cm（视材质情况），当有物体坠落到安全帽壳上时，帽衬可起到缓冲作用，不使颈椎受到伤害。（3）要优先保护前额，因为大多数的失控和碰撞都是往前摔的，头盔前沿要压至眉头之上，不要露出额头。（4）佩戴安全帽必须系好下颌带，当人体发生坠落或二次击打时，不至于脱落起不到对头部保护作用。下颌带必须紧贴下颌，松紧以下颌有约束感但不难受为宜。（5）女生佩戴安全帽应将头发放到帽衬内。

42. 发生机械伤害的原因有哪些？

（1）工具、夹具、刀具不牢固，导致工件飞出伤人。（2）设备缺少安全防护设施。（3）操作现场杂乱，通道不畅通。（4）金属切屑飞溅等。（5）人员未规范穿戴劳保用品。

43. 为防止机械伤害事故，有哪些安全要求？

对机械伤害的防护要做到“转动有罩、转轴有套、区域有栏”，防止衣袖、发辫和手持工具被绞入机器。

44. 机泵容易对人体造成哪些直接伤害？

（1）夹伤：在工作中使用工具不当时会夹伤手指。（2）撞伤：在受到机泵的运动部件撞击时会造成伤害。（3）接触伤害：当人体接触到机泵高温或带电部件时会造成伤害。（4）绞伤：头发、衣物等卷入机泵的转动部件会造成伤害。（5）冲击伤害：密封部位泄漏，高压液体刺伤。

45. 必须就地抢救的伤害有哪些？

必须就地抢救的伤害有触电、中毒、淹溺、中暑、失血。

46. 外伤急救步骤是什么？

外伤急救步骤：止血、包扎、固定、送医院。

47. 有害气体中毒急救措施有哪些？

（1）气体中毒开始时有流泪、眼痛、呛咳、眼部干燥等症状，应引起警惕，稍重时头昏、气促、胸闷、眩晕，严重时会引起惊厥昏迷。（2）怀疑可能存在有害气体时，应立即将人员撤离现场，转移到通风良好处休息，抢救人员进入危险区必须佩戴正压式空气呼吸器。（3）已昏迷病员应保持气道通畅，有条件时给予氧气吸入，呼吸心跳骤停者，按心肺复苏法抢救，并联系急救部门或医院。（4）迅速查明有害气体的名称，供医院及早对症治疗。

48. 烧烫伤急救要点是什么？

（1）迅速熄灭身体上的火焰，减轻烧伤。（2）用冷水冲洗、冷敷或浸泡肢体，降低皮肤温度。（3）用干净纱布或被单覆盖和包裹烧伤创面，切忌在烧伤处涂各种药水和药膏。（4）可给烧伤伤员口服自制烧伤饮料糖盐水，切忌给烧伤伤员喝白开水。（5）搬运烧伤伤员时，动作要轻柔、平稳，尽量不要拖拉、滚动，以免加重皮肤损伤。

49. 触电急救有哪些原则？

进行触电急救时，应坚持迅速、就地、准确、坚持的原则。

50. 触电急救要点是什么？

（1）迅速切断电源。（2）若无法立即切断电源，用绝缘物品使触电者脱离电源。（3）保持呼吸道畅通。（4）立即拨打“120”急救电话，请求救治。（5）如呼吸、心跳停止，应立即进行心肺复苏。（6）妥善处理局部电烧伤的伤口。

51. 如何判定触电伤员呼吸心跳是否停止？

触电伤员如意识丧失，应在10s内，用看、听、试的方法，判定伤员呼吸、心跳情况。看：看伤员的胸部、腹部有无起伏动作；听：用耳贴近伤员的口鼻处，听有无呼气声音；试：试测口鼻有无呼气的气流。再用两手指轻试一侧（左或右）喉结旁凹陷处的颈动脉有无搏动。若看、听、试结果，既无呼吸又无颈动脉搏动，可判定呼吸、心跳停止。

52. 高空坠落急救要点是什么？

（1）坠落在地的伤员，应初步检查伤情，不要随意搬动摇晃。（2）立即拨打“120”急救电话，请求救治。（3）采取初步急救措施：止血、包扎、固定。（4）注意固定颈部、胸部、腰部脊椎，搬运时保持动作一致平稳，避免脊柱弯曲扭动加重伤情。

53. 如何进行口对口（鼻）人工呼吸？

在保持伤员气道通畅的同时救护人员用放在伤员额上的手指捏住伤员鼻翼，救护人员正常吸气即可，无须深吸气，与伤员口对口紧合，在不漏气的情况下，应该持续吹气 1s 以上，保证有足够量的气体进入并使胸廓起伏。如第一次人工呼吸未能使胸廓起伏，可再次用仰头抬颏法开放气道，给予第二次通气；两次吹气后试测颈动脉仍无搏动，可判断心跳已经停止，要立即进行胸外按压。注意过度通气（多次吹气或吹入气量过大）可能有害，应避免。触电伤员如牙关紧闭，可口对鼻人工呼吸。口对鼻人工呼吸吹气时，要将伤员嘴唇紧闭，防止漏气。

54. 如何对伤员进行胸外按压？

（1）救护人员右手的食指和中指沿触电伤员的右侧肋弓下缘向上，找到肋骨和胸骨接合处的中点。（2）两手指并齐，中指放在接合处的中点（剑突底部），食指平放在胸骨下部。（3）另一只手的掌根紧挨食指上缘，置于胸骨上，找准正确按压位置。（4）救护人员的两肩位于伤员胸骨正上方，两臂伸直，肘关节固定不屈，两手掌根相叠，手指翘起，不接触伤员胸壁。（5）以髋关节为支点，利用上身的重力，垂直将伤员胸骨压陷 5～6cm（儿童和瘦弱者酌减）。（6）压至要求程度后，立即全部放松，但放松时救护人员的掌根不得离开胸壁。按压必须有效，有效的标志是按压过程中可以触及颈动脉搏动。

55. 心肺复苏法操作频率有什么规定？

（1）胸外按压要以均匀速度进行，成人按压频率至少 100～120 次/min，每次按压和放松的时间相等。（2）胸外按压与口对口（鼻）人工呼吸同时进行，其节奏为：单人抢救时，每按压 30 次后吹气 2 次（30∶2），反复进行；如双人或多人施救，应每 2min 或 5 个周期 CPR（每个周期包括 30 次按压和 2 次人工呼吸）更换按压者，并在 5s 内完成转换。

56. 危害因素辨识中物（设施）的不安全状态包括什么？

物（设施）的不安全状态包括可能导致事故发生和危害扩大的设计缺陷、工艺缺陷、设备缺陷、保护措施和安全装置的缺陷。

57. 危害因素辨识中人的不安全行为包括什么？

人的不安全行为包括不采取安全措施、误动作、不按规定的方法操作、某些不安全行为（制造危险状态）。

58. 危害因素辨识中管理缺陷包括什么？

管理缺陷包括安全监督、检查、事故防范、应急管理、作业人员安排、防护用品缺少、工艺流程和操作方法等管理的缺陷。

59. 可能造成职业病、中毒的劳动环境和条件包括哪些？

可能造成职业病、中毒的劳动环境和条件包括物理的（噪声、振动、湿度、辐射）；化学的（易燃易爆、有毒、危险气体、氧化物等）以及生物因素。

60. 正压式呼吸器使用前有哪些检查？

（1）检查气源压力：打开气瓶阀门开关，观察高压表，要求气瓶内空气压力在 28～30MPa 之间。

（2）检查整机系统气密性：打开气瓶阀门开关，观察压力表的读数，稍后关闭。5min 内压力下降不大于 4MPa，表示系统气密性良好。此过程中供气阀应处于关闭状态。

（3）检查残气报警装置：打开气瓶阀门开关，稍后关闭。用掌心挡住出气口，按下供气阀开关，慢慢松开出气口让它缓慢排气，观察压力表指针的下降，当压力降至 4～6MPa 时，报警器应发出哨笛报警信号。

（4）检查全面罩的密封性：佩戴好全面罩，用手掌心捂住面罩接口处，深呼吸数次，感到吸气困难，证明全面罩气密性良好。

（5）检查供气阀的供气状况：打开气瓶阀门开关，佩戴好全面罩，将供气阀插入全面罩。深吸一口气，听到“啪”的一声，供气阀气门打开供气。深呼吸几次检查供气阀性能，吸气和呼气都应舒畅无不适感觉。屏住呼吸后关闭供气阀开关，面罩内有股连续气流正常供气，证明供气阀工作正常。

（6）检查完好状态：①背带和全面罩头带完全放松。②气瓶正确定位并牢靠地固定在背托上。③高压管路和中压管路无扭结或其他损坏。④全面罩的面窗应清洁明亮。接通快速接头，打开气瓶阀门开关。

61. 正压式呼吸器的使用方法是什么？

正压式呼吸器的操作步骤：（1）将正压式呼吸器气瓶瓶底向上背在肩上。（2）将大拇指插入肩带扣中向下拉，调节到背负舒适为宜。（3）插上塑料快速插扣，腰带系紧，程度以舒适和背托不摆动为宜（首次佩戴前预先调节腰带两侧的三挡扣）。（4）面罩两边的松紧带拉松。（5）把下巴放入面罩，由下向上拉上头面罩的松紧带，将面罩两边的松紧带拉紧，使全面罩双层密封环紧贴面部。（6）深吸一口气将供气阀气门打开，呼吸几次感觉舒适后关闭手动开关。（7）按下供气阀开关，检查有无连续的气流供应面罩，呼吸正常，感觉舒适即可。

62. “四合一”气体检测仪怎么使用？

（1）检查准备：①检查仪器是否在有效期内使用；②检

查电池电量是否充足，不充足时及时充电；③检查进气口气滤有无杂物堵住，如堵住需清理干净或更换。

（2）开机操作：①按开/关机键并保持 5s，LCD 屏显示“ON”，屏亮仪器开机；待检测仪完成自检，听到蜂鸣器后确认仪器运行正常。②确认在抽新鲜空气，确认氧气指示值为 20.9%。③检测时，将探头靠近测试点区域，待测试值变化稳定后，读数并记录；一旦被测气体泄漏，浓度数值会变大，观察数值变化，超过额定最大值会发出警报声。④将检测仪远离检测区域，置于空气中，待 LCD 屏显示值回复到空气中状态后，再拿至检测区域进行一次检测，并记录对比数据。⑤检测后，记录好相关检测数值。

（3）关机操作：按开/关机键不放，LCD 屏显示 5s，倒计时结束后，LCD 屏显示“OFF”，随后仪器无显示，仪器关机。

第三部分
基本技能

一、操作技能

1. 投运分离器操作。

准备工作：

（1）正确穿戴劳动保护用品。

（2）分离器 1 台。

（3）工（用）具及材料：500mm F 扳手 1 把，运行牌 1 个，擦布若干。

操作程序：

（1）检查确认调节阀连杆、平衡锤完好，整体活动灵活。

（2）检查确认油进口、出口阀门灵活好用，阀门处于关闭状态。

（3）检查确认气出口阀门灵活好用。

（4）检查确认压力仪表及控制阀门灵活好用。

（5）检查确认温度仪表和自动控制仪表完好。

（6）检查确认紧急排污系统好用。

（7）检查确认安全阀完好。

（8）冬季打开伴热循环出口、进口阀门。

（9）打开分离器放空阀。

（10）观察分离器和各动、静密封部位无渗漏，若有渗漏及时处理。

（11）缓慢打开分离器进油阀门，听进油声音是否正常。

（12）观察分离器压力和液位变化情况。

（13）当分离器液位达到容器的 1/2 时，液面调节机构平衡杠动作到水平位置时，打开分离器油出口阀门。

（14）打开分离器气出口阀门，关闭放空阀；调整气出口阀门，防止分离器憋压造成安全阀动作跑油。

（15）用气出口阀门控制分离器压力在 0.15～0.25MPa，液位在 1/2～2/3 之间。

（16）检查来油温度是否正常。

（17）当分离器运行平稳后，逐渐增加进油量，恢复正常运行。

（18）分离器运行正常后，挂上运行牌，记录投运时间及运行参数。

（19）回收工（用）具，清理现场。

操作安全提示：

（1）操作过程中，规范使用工（用）具，保证人身安全和设备安全。

（2）若分离器在冬季投运，应检查加热系统，提前半小时投运采暖循环系统。

2. 停运分离器操作。

准备工作：

（1）正确穿戴劳动保护用品。

（2）分离器 1 台。

（3）工（用）具及材料：500mm F 扳手 1 把，停运牌 1

个，擦布若干。

操作程序：

（1）停运前检查确认紧急排污系统好用。

（2）检查确认压力表灵活好用。

（3）检查确认气出口阀灵活好用。

（4）检查确认放空阀畅通、开关灵活。

（5）检查确认出油阀门灵活好用。

（6）检查确认液位计完好。

（7）关闭分离器进口阀门。

（8）用外输泵将液面抽至最低后，停运外输泵。

（9）关闭分离器油出口、水出口阀门。

（10）关闭天然气出口阀门。

（11）打开放空阀，放掉分离器内压力；待分离器压力归零后，关闭放空阀。

（12）长期停运的分离器需打开分离器排污阀，放净分离器内液体；排污完毕后关闭排污阀。

（13）分离器停运完毕后，挂上停运牌，记录停运分离器时间。

（14）回收工（用）具，清理现场。

操作安全提示：

（1）操作过程中，规范使用工（用）具，保证人身安全和设备安全。

（2）停运前要对各运行参数和各部件进行检查。

（3）冬季不能停运分离器内采暖系统。

3. 切换分离器操作。

准备工作：

（1）正确穿戴劳动保护用品。

（2）分离器 2 台。

（3）工（用）具及材料：500mm F 扳手 1 把，运行/停运牌各 1 个，擦布若干。

操作程序：

（1）按照投运分离器操作步骤，检查、启动备用分离器。

（2）将预停分离器的进液量逐渐减少，按照停运分离器操作，停运预停分离器。

（3）操作完毕后，调节控制运行分离器压力和进、出液量，达到正常生产。

（4）运行和停运的分离器分别挂上运行牌、停运牌。

（5）回收工（用）具，清理现场，做好相关记录。

操作安全提示：

（1）操作过程中，规范使用工（用）具，保证人身安全和设备安全。

（2）操作前后要对运行参数和各部件进行检查。

（3）冬季不能停运分离器内采暖系统。

4. 投运天然气除油器操作。

准备工作：

（1）正确穿戴劳动保护用品。

（2）天然气除油器 1 台。

（3）工（用）具及材料：300mm 活动扳手 1 把，500mm F 扳手 1 把，运行牌 1 个，擦布若干。

操作程序：

（1）检查进口阀门、出口阀门、排污阀及放空阀、收油系统灵活好用，均处于关闭状态。

（2）检查安全阀完好，在有效日期内。

（3）检查仪表、仪器完好并在有效期内。

（4）检查防腐保温情况，保温层应完好无破损。

（5）冬季投运检查采暖运行正常。

（6）缓慢打开除油器进口阀门，观察除油器压力达到 0.10MPa 时，打开除油器放空阀，并设专人看护，置换除油器内空气。

（7）空气置换完毕后，关闭放空阀，打开除油器出口阀门。

（8）将压力控制在工艺要求范围内。

（9）控制除油器运行参数在生产要求范围内。

（10）挂上运行牌，记录投运时间以及运行参数。

（11）回收工（用）具，清理现场。

操作安全提示：

（1）操作过程中，规范使用工（用）具，保证人身安全和设备安全。

（2）投运正常后应加强检查，合理调整运行参数，以保证除油器的最佳工作状态。

（3）投运过程中，操作者在进行放空时，应站在上风口，防止发生油气中毒事故。

5. 投运“四合一”装置操作。

准备工作：

（1）正确穿戴劳动保护用品。

（2）“四合一”装置 1 台。

（3）工（用）具及材料：500mm F 扳手 1 把，放空桶 1 个，可燃气体检测器 1 个，250mm 活动扳手 1 把，绝缘手套 1 副，500V 试电笔 1 支，运行牌 1 个，擦布若干。

操作程序：

（1）检查确认燃烧器、防爆门、烟囱绷绳、挡板等各部位完好。

（2）检查确认进出口阀门、排污阀完好，均处于关闭状态。

（3）检查确认安全阀完好，在有效日期内。

（4）检查确认压力表、液位报警器、油水界面指示仪、加热段温度报警装置、水出口温度传感器，油水室液位指示仪等齐全完好，校验合格。

（5）打开燃料总控制阀门，确认管道畅通。

（6）检查燃料气压力，应在 0.04～0.25MPa 范围内。

（7）检查系统工艺流程和伴热流程，满足投运要求。

（8）打开“四合一”装置进液阀门和排气阀，观察油水室液位变化情况。

（9）经检测当排气阀出现大量可燃气体时，关闭排气阀，观察气压达到 0.10MPa 以上时，缓慢打开气出口阀门。

（10）观察水室液位上升至 2m 时，侧身打开水出口去污水沉降罐或污水站的放水阀门，打开看窗控制阀。

（11）检查并打开烟道挡板，对烧火间进行通风 3～5min。用可燃气体检测器检测烧火间，可燃气体浓度在标准范围内，戴绝缘手套侧身给烧火间配电箱送电。

（12）打开燃烧器的供气阀门，检查两个火嘴的控制阀无渗漏。

（13）进行点火操作：在控制室进行面板控制，点击工艺画面“启动”钮，“启动”钮灯亮（绿），经过系统泄漏检测和通风阶段，约 5min 后，燃烧器点火，火焰监控器检测到火焰后，“燃烧”灯亮（绿），燃烧器进入正常状态。

（14）进行参数控制：在参数设定面板上根据需要控制温度，进行燃气阀阀位上下限、大火阀位、小火阀位、温度偏差、报警等参数设定。

（15）自动控制：点击“手动、自动切换”钮，弹出“YES”和“NO”：点击“YES”完成手动和自动转换操作。

（16）手动控制：根据所需要控制的温度，按面板上的“+”或“-”按钮，调节阀门的开度，每按一次，阀位即变化 1%；燃气流量及风门随阀位的变化而变化；注意阀位应缓慢提高，不得大范围提升，提火或降火要梯度调节。

（17）新投产“四合一”装置要小火烘炉 4～5h，检修后的“四合一”装置要小火烘炉 24h。

（18）观察油室液位上升至 1.5m 时，侧身打开油出口去事故罐流程。

（19）观察加热段温度变化情况，升温速度控制在 5℃/h 以下，当温度达到 40℃以上时，升温速度控制在 8℃/h 以下。

（20）当沉降段油水界面稳定在 1.5～1.8m，水出口温度达到掺水及外输温度要求时，侧身打开去掺水泵控制阀及油出口去外输泵阀门。按操作规程启动掺水泵和外输泵，开始掺水、外输后关闭进事故罐阀门。

（21）“四合一”装置正常运行后，每 2h 检查一次，检查压力、温度、油水界面、油水室液位及火焰燃烧等情况。

（22）挂上运行牌，记录投运时间以及运行参数。

（23）回收工（用）具，清理现场。

操作安全提示：

（1）操作过程中，规范使用工（用）具，保证人身安全和设备安全。

（2）投运前要检查流程，防止倒错流程。

（3）严格执行加热炉点炉“三不点”制度，即“未检查不点，燃气无控制不点，炉膛、管线内有余气不点”。

（4）合空气开关时要戴绝缘手套，侧身操作。

（5）严禁超温超压运行。

（6）未确认加热段进满液时，严禁启动燃烧器。

6. 停运“四合一”装置操作。

准备工作：

（1）正确穿戴劳动保护用品。

（2）“四合一”装置 1 台。

（3）工（用）具及材料：500mm F 扳手 1 把，放空桶 1 个，可燃气体检测器 1 个，250mm 活动扳手 1 把，绝缘手套 1 副，500V 试电笔 1 支，停运牌 1 个，擦布若干。

操作程序：

（1）在控制室进行面板操作，在工艺画面下按“停止”按钮，即可停炉，阀位及风门自动归零。

（2）戴绝缘手套侧身切断“四合一”装置燃烧器控制电源。

（3）侧身关闭燃烧器的燃料阀门。

（4）当进出口温度平衡后，先关闭“四合一”装置的进口阀门，再依次关闭油出口阀门、水出口阀门、气出口阀门。

（5）依次打开加热段、沉降段、油室和水室的排污阀，打开扫线风将容器内液体压到事故罐中。

（6）容器内液体排净后，关闭排污阀。

（7）打开顶部排气阀泄压放空。

（8）挂上停运牌，记录停运时间。

（9）回收工（用）具，清理现场。

操作安全提示：

（1）操作过程中，规范使用工（用）具，保证人身安全和设备安全。

（2）停运前要检查流程，防止倒错流程。

（3）切断空气开关时要戴绝缘手套，侧身操作。

（4）冬季停运时，伴热系统应正常运转。

7. 投运“二合一”加热炉操作。

准备工作：

（1）正确穿戴劳动保护用品。

（2）“二合一”加热炉1台。

（3）工（用）具及材料：500mm F 扳手1把，运行牌1个，擦布若干。

操作程序：

（1）检查燃烧器、防爆门、烟道挡板、定压排气阀、排污阀，应齐全好用。

（2）检查仪表，包括压力表（压力变送器）、温度计（温度变送器）、液位计，应达到使用条件。

（3）清除加热炉及烧火间内杂物，按要求配备消防器具。

（4）检查确认安全阀在校验有效期内，若安全阀下部有控制阀门，应确认其在全开状态。

（5）打开烟道挡板，将燃烧器调风板调至最大，打开烧火间的门窗，自然通风15min以上。

（6）打开燃料气总阀门，管线应畅通，烧火间内燃料气控制阀门应关闭，无泄漏。

（7）检查燃料气压力在燃烧器允许的压力范围内。

（8）检查系统工艺流程满足点炉要求。

（9）试验风机电动机的正反转，如反转，调整电源相序接线。

（10）进行加热炉燃烧器触摸屏的温度设定，调整设定温度在“二合一”加热炉运行的正常范围内。

（11）打开“二合一”加热炉的进口阀门进液，观察液位高度达到 1/2～2/3（浮子液位器的连杆达到水平及以上位置）时，打开加热炉出口阀门，并准备点火。

（12）按下加热炉燃烧器控制屏开关按钮，启动控制屏进入主界面。

（13）进入控制画面，点击复位键，按启动按钮，此时运行绿灯亮起，程序控制器发出指令，风机启动进行吹扫。

（14）进风门自动开到最大位置对炉膛进行预吹扫 30s。

（15）风门自动关小进入点火准备，点火变压器开始放电打火，2s 后安全阀运行阀开启，等待火焰燃烧。屏幕显示有火焰闪现时，根据生产需要，调整燃气量大小。

（16）“二合一”加热炉运行后，每 2h 检查一次，注意观察压力、温度、液位及火焰燃烧情况，发现不正常及时调整和处理。

（17）挂上运行牌，记录“二合一”加热炉点炉时间以及运行参数。

（18）回收工（用）具，清理现场。

操作安全提示：

（1）操作过程中，规范使用工（用）具，保证人身安全和设备安全。

（2）严格执行加热炉点炉“三不点”制度，即“未检查不点，燃气无控制不点，炉膛、管线内有余气不点”。

（3）“二合一”加热炉点炉前要检查溢流管线畅通并确定溢流阀打开。

8. 停运“二合一”加热炉操作。

准备工作：

（1）正确穿戴劳动保护用品。

（2）“二合一”加热炉 1 台。

（3）工（用）具及材料：500mm F 扳手 1 把，停运牌 1 个，擦布若干。

操作程序：

（1）正常停炉时，控制进炉流量。

（2）在加热炉燃烧器控制屏控制画面处，点击“-”按钮降低燃气量，将炉火降到最小。

（3）在炉温降到 40℃以下时，点击燃烧器控制屏停止按钮，控制屏火焰闪示消失；按下控制开关按钮，关闭燃烧器控制屏。

（4）关闭加热炉燃气阀门。

（5）关闭烟道挡板，待进出口温度一致时关闭进口、出口阀门。

（6）长期停运的“二合一”加热炉，打开底部排污阀放净加热炉内残余介质。

（7）挂上停运牌，记录停运时间。

（8）回收工（用）具，清理现场。

操作安全提示：

（1）操作过程中，规范使用工（用）具，保证人身安全和设备安全。

（2）先降温后停炉。

（3）若停炉时间较长，应进行扫线。

9. 紧急停运“二合一”加热炉操作。

准备工作：

（1）正确穿戴劳动保护用品。

（2）“二合一”加热炉 1 台。

（3）工（用）具及材料：500mm F 扳手 1 把，停运牌 1 个，擦布若干。

操作程序：

（1）直接点击燃烧器控制屏停止按钮，控制屏火焰闪示消失；再按下控制开关按钮关闭燃烧器控制屏。

（2）立即关闭燃料气阀门；若烧火间内燃料气阀门不能关闭，应立即关闭燃料气总阀门。

（3）待进口、出口温度一致时关闭进口、出口阀门。

（4）挂上停运牌，记录紧急停运时间。

操作安全提示：

（1）操作过程中，规范使用工（用）具，保证人身安全和设备安全。

（2）采取紧急停炉时，应对相关工艺进行调整。

（3）加热炉出现事故或突然停电应立即熄灭炉火，防止发生火灾事故。

（4）冬季停炉或较长时间停炉时，必须将加热炉内的液体和燃料管线扫除干净。

（5）当炉管温度过高，清空加热炉扫线时要注意安全，防止高温液体喷溅烫伤或着火。

10. 清理加热炉火嘴操作。

准备工作：

（1）正确穿戴劳动保护用品。

（2）加热炉 1 台。

（3）工（用）具及材料：500mm F 扳手 1 把，300mm 活动扳手 1 把，450mm 管钳 1 把，通针、钢锯条各 1 根，擦布若干。

操作程序：

（1）停炉后关闭供气阀门。

（2）打开加热炉烧火间门窗进行通风。

（3）打开进风孔，冷却炉体。

（4）拆卸火嘴固定螺栓。

（5）抽出加热炉火嘴进行解堵，清理杂物。

（6）安装火嘴，对称均匀紧固螺栓。

（7）打开总供气阀门。

（8）打开进气阀门。

（9）点炉后检查火嘴燃烧情况并调整气量。

（10）回收工（用）具，清理现场。

操作安全提示：

（1）操作过程中，规范使用工（用）具，保证人身安全和设备安全。

（2）抽出火嘴前必须要通风冷却。

（3）火嘴解堵必须彻底。

11. 投运真空加热炉操作。

准备工作：

（1）正确穿戴劳动保护用品。

（2）真空加热炉 1 台。

（3）工（用）具及材料：500mm F 扳手 1 把，300mm 活动扳手 1 把，500V 试电笔 1 支，放空桶 1 个，运行牌 1 个，擦布若干。

操作程序：

（1）新投产的真空相变加热炉，按设计要求进行强度试验和严密性试验确认合格，由专业人员（厂家）投运前做好真空度（负压）。

（2）检查确认全自动燃烧器、控制柜控制面板的接线及二次仪表应齐全完好。

（3）检查确认压力表、温度计、液位计及燃料过滤器、燃料调压阀等齐全完好，符合设计要求。

（4）检查确认安全阀和负压爆破片校验合格，安全阀开启压力和爆破片爆破压力达到安全标准。

（5）启动加热炉前，打开烧火间门窗，自然通风 30mim 以上。

（6）检查确认燃料气总阀门，保证供气管线畅通无阻，烧火间燃料阀门应关闭，无漏气。

（7）检查确认燃料气的压力在燃烧器允许的压力范围，打开燃料气阀门。

（8）检查确认炉壳内液位，液位应保持在上、下刻度线之间。

（9）依次打开真空相变加热炉的出口阀和进口阀。

（10）启动建立循环，放净盘管内空气，调节进口介质流量，使流量达到设计要求。

（11）合控制柜上的电源开关，接通电源。

（12）在控制面板设定温度的上限、下限、回差值和报警值。

（13）启动点火按钮，点火程序自动进行点火前吹扫，电磁阀漏气检测、点火等过程。控制柜上的火焰指示灯亮起、无报警，表示点火成功。

（14）若火焰指示灯出现 ERR（故障显示）闪烁，同时报警器开始报警则表示点火失败。

（15）出现报警后应按下消音键，在风机指示灯熄灭后，再次启动点火按钮。

（16）若二次点火仍不能点燃时，分析原因待故障排除后按下燃烧复位键方可再次点炉。

（17）挂上运行牌，记录投运时间以及运行参数。

（18）回收工（用）具，清理现场。

操作安全提示：

（1）操作过程中，规范使用工（用）具，保证人身安全和设备安全。

（2）不能直接接触带电设备，先用试电笔验电后再进行操作。

（3）加热炉吹扫过程中不要进入烧火间。

12. 停运真空加热炉操作。

准备工作：

（1）正确穿戴劳动保护用品。

（2）真空加热炉 1 台。

（3）工（用）具及材料：500mm F 扳手 1 把，300mm 活动扳手 1 把，放空桶 1 个，停运牌 1 个，擦布若干。

操作程序：

（1）正常停炉时，按控制柜面板停止按钮，燃烧器自动执行关闭程序，自动执行一段时间的吹扫过程，吹扫结束后燃烧器关闭。

（2）关闭燃料阀门，切断电源。

（3）当被加热介质进口、出口温度达到平衡后，根据生产需要，保持盘管内介质继续流动或扫线后关闭进、出口阀门。

（4）打开排污阀，将壳体内的水排到污油池内。

（5）将壳体内的水排净后，关闭排污阀。

（6）挂上停运牌，记录停运时间。

（7）回收工（用）具，清理现场。

操作安全提示：

（1）操作过程中，规范使用工（用）具，保证人身安全和设备安全。

（2）若长时间停炉应将管内及炉内存水放净，并扫线放空。将燃气系统关闭，以防漏气事故发生。

13. 投运游离水脱除器操作。

准备工作：

（1）正确穿戴劳动保护用品。

（2）游离水脱除器 1 台。

（3）工（用）具及材料：500mm F 扳手 1 把，200mm、250mm 活动扳手各 1 把，运行牌 1 个，擦布若干。

操作程序：

（1）检查进口阀门、出口阀门、放水阀门、放气阀门、扫线排污阀、排污阀、放水看窗，确认灵活好用，均处于关闭状态。检查自动调节阀，手动测试灵活好用。

（2）检查压力表（压力变送器）、温度计（温度变送器）、油水界面仪，确认校验合格并达到使用条件。

（3）检查游离水脱除器内部，确认清扫干净。

（4）检查安全阀在校验有效期内；若安全阀下有控制阀门，应处于全开状态。

（5）检查系统工艺流程需满足投产要求。检查加药流程，确认畅通。检查并投运伴热流程。

（6）检查接地电阻，应不大于 10Ω。

（7）打开放气阀，缓慢打开游离水脱除器进口阀门，进油时要慢且稳。并联运行的游离水脱除器，调整进口阀门开度，保持运行游离水脱除器的系统压力不低于 0.25MPa。

（8）游离水脱除器放气阀见油后，关闭放气阀。稳定 5～10min 后，初步进行油水分离，根据油水界面，打开放水阀（如有自动调节系统，投运自动调节阀），调整放水量，油水界面控制在 1/2～2/3 之间。

（9）根据游离水脱除器的油水界面，缓慢打开油出口阀门至全开状态，调整放水量，保持油水界面稳定。

（10）投运放水看窗，投运加药流程。

（11）检查确认气动薄膜调节阀开关无卡阻，气动调节阀气源仪表风压力符合现场工作要求；调整游离水脱除器压力，压力控制在 0.25～0.35MPa 之间。

（12）按时化验各项指标。游离水脱除器出口原油进入电脱水器时，水驱原油的含水率≤30%，聚驱原油的含水率≤20%；游离水脱除器脱出的污水，含油应达到规定指标。

（13）运行稳定后，挂运行牌，记录投运时间以及运行参数。

（14）回收工（用）具，清理现场。

操作安全提示：

（1）操作过程中，规范使用工（用）具，保证人身安全和设备安全。

（2）新建或检修后的游离水脱除器，应按设计要求进行强度试压和严密性试验，确认合格后方能投产。

（3）进料原油必须经过油气分离。

（4）投运过程中，操作者在进行放空时，应站在上风口，防止发生油气中毒事故。

14. 停运游离水脱除器操作。

准备工作：

（1）正确穿戴劳动保护用品。

（2）游离水脱除器 1 台。

（3）工（用）具及材料：500mm F 扳手 1 把，200mm、250mm 活动扳手各 1 把，停运牌 1 个、擦布若干。

操作程序：

（1）控制预停运的游离水脱除器放水阀，提高油水界面至2/3～3/4之间。

（2）缓慢关小预停运的游离水脱除器进口阀门，同时调整运行游离水脱除器的压力，确认运行正常后，依次关闭预停运的游离水脱除器进口阀门、出口阀门、放水阀、看窗放水阀。

（3）打开停运游离水脱除器的压力排污阀。

（4）将游离水脱除器扫线风阀门盲板调至开孔侧，打开扫线风来气阀门、扫净游离水脱除器内液体后，关闭压力排污阀、扫线风来气阀门。

（5）打开扫线风管线上的放空阀泄压，无压后调回扫线风阀门盲板。

（6）打开放气阀泄压，使游离水脱除器压力归零。

（7）挂停运牌，记录停运时间。

（8）回收工（用）具，清理现场。

操作安全提示：

（1）操作过程中，规范使用工（用）具，保证人身安全和设备安全。

（2）停运时应先打开压力排污阀，再打开扫线风阀门进行扫线。

（3）停运扫线时，扫线风系统压力不低于规定值，以保证仪表风压力正常，气动调节阀自动控制正常。

15. 投运电脱水器操作。

准备工作：

（1）正确穿戴劳动保护用品。

（2）电脱水器1台。

（3）工（用）具及材料：500mm F 扳手 1 把，梅花扳手 1 套，250mm、300mm 活动扳手各 1 把，兆欧表 1 块，卷尺 1 把，运行牌 1 个，擦布若干。

操作程序：

（1）检修后的电脱水器应检查内部情况，确认清扫干净，检查绝缘棒完好、整流硅堆完好，封闭好人孔。如需要空载送交流电试验，必须经安全部门检测合格后方可进行。

（2）检查电脱水器压力表（压力变送器）、温度计（温度变送器）、油水界面仪、变压器，确认合格并达到使用条件。

（3）检查脱水加热炉，达到运行条件后，做点炉升温准备。

（4）检查安全阀在校验有效期内；若安全阀下有控制阀门，应处于全开状态。

（5）检查系统工艺流程正常；检查各部位阀门灵活好用，处于关闭状态；检查自动调节阀，手动测试灵活好用。

（6）检查接地电阻，应不大于 10Ω。

（7）投运前半小时启动脱水加热炉烘炉，保证进料原油温度符合工艺要求。

（8）打开电脱水器进口阀门、顶部放气阀，进油时要慢且稳。并联运行的电脱水器，调整进口阀门开度，保持运行电脱水器的系统压力在正常范围内。

（9）当油进到电脱水器容积的 3/4 时，关小顶部放气阀。

（10）检查人孔、法兰、阀门等处应无渗漏。

（11）电脱水器顶部放气阀见油后，关闭放气阀。

（12）当电脱水器压力上升到运行压力时，打开电脱水器放水阀门，调整电脱水器压力，稳定 5min，确认无渗漏。

将压力控制在合理范围内，打开顶部放气阀进行二次排气，确认电脱水器内无气体后关闭放气阀。

（13）送电试运，观察电流和电压变化。

（14）电脱水器建立稳定电场后，缓慢打开电脱水器出口阀门，调整处理量。处理后的原油含水、污水含油应达到规定指标。

（15）挂运行牌，记录投运时间以及运行参数。

（16）回收工（用）具，清理现场。

操作安全提示：

（1）操作过程中，规范使用工（用）具，保证人身安全和设备安全。

（2）投运前电脱水器内要清扫干净，特别是铁丝、电焊渣及器壁上的尖角毛刺要清除干净。

（3）当空气潮湿时，空载应调为低压。

（4）投运过程中，操作者在进行放空时，应站在上风口，防止发生油气中毒事故。

16. 停运电脱水器操作。

准备工作：

（1）正确穿戴劳动保护用品。

（2）电脱水器 1 台。

（3）工（用）具及材料：500mm F 扳手 1 把，梅花扳手 1 套，250mm、300mm 活动扳手各 1 把，停运牌 1 个，擦布若干。

操作程序：

（1）切断电源，挂上警示牌。

（2）关闭进口阀门、出口阀门、放水阀门，同时调整好电脱水器的压力、排量。

（3）打开停运电脱水器的压力排污阀。

（4）将电脱水器扫线风阀门盲板调至开孔侧，打开扫线风来气阀门、扫净电脱水器内液体后，关闭压力排污阀、扫线风来气阀门。

（5）打开扫线风管线上的放空阀泄压，无压后调回电脱水器扫线风阀门盲板。

（6）打开放气阀泄压，使电脱水器压力归零。

（7）挂停运牌，记录停运时间。

（8）回收工（用）具，清理现场。

操作安全提示：

（1）操作过程中，规范使用工（用）具，保证人身安全和设备安全。

（2）若短时间停运，电脱水器放水降压后可以不扫线压空，以便再次投运。

（3）停运扫线时，扫线风系统压力不低于规定值，以保证仪表风压力正常，气动调节阀自动控制正常。

17. 电脱水器突然停电操作。

准备工作：

（1）正确穿戴劳动保护用品。

（2）电脱水器 1 台。

（3）工（用）具及材料：500mm F 扳手 1 把，梅花扳手 1 套，250mm、300mm 活动扳手各 1 把，擦布若干。

操作程序：

（1）加热炉熄火。

（2）导通加热炉循环流程。

（3）打开电脱水器连通阀门，关闭进口、出口阀门和放水阀。

（4）等待来电，做好投运准备工作。

操作安全提示：

（1）操作过程中，规范使用工（用）具，保证人身安全和设备安全。

（2）停电后注意观察电脱水器压力、液位、温度，防止发生事故。

18. 投运净化油缓冲罐操作。

准备工作：

（1）正确穿戴劳动保护用品。

（2）净化油缓冲罐 1 台。

（3）工（用）具及材料：500mm F 扳手 1 把，200mm、250mm 活动扳手各 1 把，运行牌 1 个、擦布若干。

操作程序：

（1）检查安全阀应在校验有效期内；若安全阀下有控制阀门，应处于全开状态。

（2）检查净化油缓冲罐压力表（压力变送器）、温度计（温度变送器）、液位计，确认校验合格并达到使用条件。

（3）检查系统工艺流程正常；检查各部位阀门灵活好用，并处于关闭状态；检查自动调节阀，手动测试灵活好用。

（4）检查接地电阻，应不大于 10Ω。

（5）与有关单位和岗位进行联系，导通流程，准备进油。

（6）缓慢打开净化油缓冲罐进口阀门，观察液位变化情况。

（7）打开净化油缓冲罐排气阀。

（8）进油过程中，检查高低液位报警是否灵活、液位计是否准确。

（9）当净化油缓冲罐进液达到 1/2～2/3 时，油气完全替换罐内空气后，关闭排气阀，打开气平衡阀门，罐压控制在合理范围内。

（10）打开净化油缓冲罐出口阀门，按离心泵操作规程启动外输泵，导通输油流程。

（11）按时录取净化油缓冲罐压力、液位等参数。

（12）挂运行牌，记录投运时间以及运行参数。

（13）回收工（用）具，清理现场。

操作安全提示：

（1）操作过程中，规范使用工（用）具，保证人身安全和设备安全。

（2）投运过程中，操作者在进行放空时，应站在上风口，防止发生油气中毒事故。

19. 停运净化油缓冲罐操作。

准备工作：

（1）正确穿戴劳动保护用品。

（2）净化油缓冲罐 1 台。

（3）工（用）具及材料：500mm F 扳手 1 把，200mm、250mm 活动扳手各 1 把，停运牌 1 个，擦布若干。

操作程序：

（1）停运前导通事故流程，按离心泵操作规程停运外输泵。

（2）缓慢关闭净化油缓冲罐进口阀门、出口阀门、气平衡阀门。

（3）打开停运净化油缓冲罐的压力排污阀。

（4）将净化油缓冲罐扫线风阀门盲板调至开孔侧，打开扫线风来气阀门；扫净净化油缓冲罐内液体后，关闭压力排污阀、扫线风来气阀门。

（5）打开扫线风管线上的放空阀门进行泄压，无压后调回扫线风阀门盲板。

（6）打开放气阀泄压，使净化油缓冲罐压力归零。

（7）挂停运牌，记录停运时间。

（8）回收工（用）具，清理现场。

操作安全提示：

（1）操作过程中，规范使用工（用）具，保证人身安全和设备安全。

（2）停运扫线时，扫线风系统压力不低于规定值，以保证仪表风压力正常，气动调节阀自动控制正常。

20. 投运污水沉降罐操作。

准备工作：

（1）正确穿戴劳动保护用品。

（2）污水沉降罐 1 台。

（3）工（用）具及材料：500mm F 扳手 1 把，梅花扳手 1 套，250mm、300mm 活动扳手各 1 把，运行牌 1 个，擦布若干。

操作程序：

（1）检查污水沉降罐安全附件完好。

（2）检查各部位管线、阀门完好。

（3）投运采暖伴热流程。

（4）关闭污水沉降罐出口阀门、连通阀门和排污阀。

（5）打开污水沉降罐进口阀门，缓慢向罐内进液。

（6）观察进液量达到污水沉降罐容积的 1/2 时，停止进液，观察罐体及基础下沉情况。

（7）检查确认全部正常后继续进液，待液位升到设计高度时，打开出口阀门，再次检查阀件、罐体、基础等部位是否正常。

（8）在出口处取样检查水质情况。

（9）挂上运行牌，记录投运时间以及运行参数。

（10）回收工（用）具，清理现场。

操作安全提示：

（1）操作过程中，规范使用工（用）具，保证人身安全和设备安全。

（2）投运污水沉降罐时，一定要缓慢进液。

（3）进液后，要及时检查污水沉降罐各密封部位是否正常。

21. 污水沉降罐收油操作。

准备工作：

（1）正确穿戴劳动保护用品。

（2）污水沉降罐 1 台。

（3）工（用）具及材料：500mm F 扳手 1 把，250mm、300mm 活动扳手各 1 把，擦布若干。

操作程序：

（1）开大采暖伴热阀门开度，加大热水循环量，提高罐内收油槽处温度。

（2）控制污水泵排量，减少出液量，提高罐内液位，使污油能够进入收油槽内，打开污水沉降罐的收油阀门。

（3）打开收油泵出口至来液汇管阀门。

（4）按操作规程启动收油泵，将污水沉降罐收油槽处污油抽出，输至来液汇管内。

（5）收油过程中不断观察污水沉降罐的液位，保持收油高度。

（6）污油收净后，按停泵操作规程停运收油泵。

（7）关闭污水沉降罐收油阀门，关闭收油泵出口至来液汇管阀门。

（8）调整污水泵排量，使罐内液位恢复至正常高度运行。

（9）检查所有工艺流程是否正确。

（10）记录收油泵运行时间。

（11）回收工（用）具，清理现场。

操作安全提示：

（1）操作过程中，规范使用工（用）具，保证人身安全和设备安全。

（2）严格按操作规程启泵、停泵。

22. 停运污水沉降罐操作。

准备工作：

（1）正确穿戴劳动保护用品。

（2）污水沉降罐 1 台。

（3）工（用）具及材料：500mm F 扳手 1 把，梅花扳手 1 套，250mm、300mm 活动扳手各 1 把，停运牌 1 个，擦布若干。

操作程序：

（1）按污水沉降罐收油操作将罐内的污油全部收回，关闭收油阀。

（2）降低污水沉降罐液位后，打开污水沉降罐旁通阀门，关闭污水沉降罐的进口阀门、出口阀门。

（3）打开污水沉降罐排污阀，放净罐内液体。

（4）有罐底排污冲洗设施的，要反复冲洗多次进行排污，然后放净罐内液体。

（5）挂上停运牌，记录停运时间。

（6）回收工（用）具，清理现场。

操作安全提示：

（1）操作过程中，规范使用工（用）具，保证人身安全和设备安全。

（2）放水速度要平稳缓慢。

（3）如长期停运，应关闭采暖循环阀门，将采暖管线排空。

23. 大罐人工检尺操作。

准备工作：

（1）正确穿戴劳动保护用品。

（2）大罐 1 台。

（3）工（用）具及材料：量油尺 1 把，防爆手电筒 1 个，安全带 1 条，可燃气体检测器 1 个，记录笔 1 支，记录单若干，擦布若干。

操作程序：

（1）检查确认量油尺各个部件完好，在有效检定期内。

（2）检查确认大罐扶梯、围栏无破损。

（3）打开气体检测仪，确定其处于工作状态。

（4）检查确认安全带完好，系好安全带，携带测量工用具。

（5）上罐前赤手触摸静电释放装置，释放人体静电。

（6）手扶罐梯护栏，脚下踩稳，安全登罐。

（7）观察风向，站在上风口，系好安全带，侧身缓慢打开量油孔盖，待罐内大量气体散出后，用气体检测仪检测合格后再下尺操作，避免吸入有害气体。

（8）打开量油尺，转动摇柄下量油尺。下尺时，尺带紧贴检尺槽（检尺口），尺锤垂直缓慢放入液面以下。下尺要稳，重锤触及液面后，应停止下尺，尺的刻度必须浸到油。

对于黏度极大的油品，重锤进入液面稳定时间 3s 后，记录量油尺与量油孔壁上沿相对应的刻度。此时读取下尺高度，读数时先读小数，再读大数。

（9）反向转动量油尺摇柄，将尺提起，提尺要快。记录重锤或尺带沾油高度，读数时先读小数，再读大数。

（10）重复下尺、读数，并做好记录。两次误差为 1mm 时，以第一次检尺为准，两次检尺误差为 2mm 时，以两次检尺平均值为准，两次检尺误差大于 2mm 时应重新检尺。

（11）计算公式：油高=量油孔高度-下尺高度+沾油高度。

（12）擦净量油尺，关闭量油孔盖，清洁现场，摘下安全带，携带工（用）具下罐，放置规定位置。

（13）将检尺结果与液位计对比，查看量油高度与液位计显示高度是否一致。

（14）回收工（用）具，清理现场。

操作安全提示：

（1）操作过程中，规范使用工（用）具，保证人身安全和设备安全。

（2）上罐时，人员应扶稳围栏，不允许脱手登梯上罐，严格执行上罐安全相关规定。

（3）定期检查量油孔，发现问题及时处理。

（4）检尺结束后确认量油孔盖板盖严。

24. 启动离心泵操作。

准备工作：

（1）正确穿戴劳动保护用品。

（2）备用离心泵机组 1 套。

（3）工（用）具及材料：500mm F 扳手 1 把，300mm 活动扳手 1 把，17～19mm 固定扳手 1 把，22～24mm 固定

扳手 1 把，150mm 试电笔 1 支，绝缘手套 1 副，红外线测温仪 1 个，振幅仪 1 个，听针 1 个，运行/停运牌各 1 块，样桶 1 个，擦布若干。

操作程序：

（1）检查确认电源电压 U_{AB}、U_{AC}、U_{BC} 均在 360～420V 之间。

（2）检查仪表：①检查确认电流表、流量计齐全完好，在有效期内数值显示清晰。②检查确认压力表齐全完好，在有效期内量程合适，刻度清晰，确认压力表控制阀门处于开启状态。

（3）检查确认电动机绝缘及接地装置完好、紧固。

（4）检查确认电动机和泵地脚螺栓紧固。

（5）检查场地：①清理泵机组周围杂物，确保安全畅通。②检查确认地面无水渍、无油污。

（6）检查确认电动机风扇完好，电动机散热片通道畅通无堵塞。

（7）检查确认机泵密封填料压盖与泵壳端面平行，压入深度不小于 5mm（机械密封压盖紧固，无泄漏现象）。

（8）检查确认污油盒孔畅通。

（9）检查润滑油的颜色及有无杂质沉淀，润滑油应达到洁净，无杂质及乳化现象。

（10）检查油位：油位应在润滑室看窗的 1/3～1/2 之间，油质合格；润滑油不足时要添加润滑油，润滑油过多在排油口处排放。润滑脂：检查润滑脂为轴承室容积的 1/2～2/3，油质合格。

（11）检查阀门：①确认排污阀、放空阀处于关闭状态；②活动泵进口、出口阀门确保灵活好用。

（12）导通流程：①检查供液容器液位在 1/2～2/3 之间，确认供液容器出口阀门打开。②工频泵：侧身缓慢打开机泵进口阀门。③变频泵：侧身缓慢打开机泵进口阀门、出口阀门。

（13）按机泵的旋转方向盘泵 3～5 圈。

（14）侧身打开放空阀门，放净泵内气体后，关闭放空阀门。

（15）启泵：①工频泵。活动出口阀门，合上预启泵工频电源闸刀后按启动按钮，当电流从最高值下降，电流指针二次起跳，泵压上升稳定后，缓慢打开泵的出口阀门。②变频泵。电位器旋钮归零；合上变频电源闸刀，将运行方式转换到“变频”位置，按启动按钮。

（16）调整：①工频泵。根据离心泵、电动机铭牌额定参数值结合实际生产需要，观察泵压、电流及流量的变化，缓慢调整机泵出口阀门的开度，控制参数在额定范围内运行，挂运行标识牌。②变频泵。根据机泵、电动机铭牌额定参数值结合实际生产需要，观察泵压、电流及流量的变化，缓慢调节电位器旋钮，控制参数在额定范围内运行。变频器与液位联动控制的，应调至自动位置，变频柜挂上运行标识牌。

（17）检查漏失量：①检查密封填料漏失量在 10～30 滴/min 范围内。②检查机械密封漏失量＜10 滴/min 范围内。

（18）检查温度：①离心泵前后轴承温度：滚动轴承温度应≤80℃，滑动轴承温度应≤70℃。②泵机组机体温度≤80℃。

（19）测量泵机组振动，振动值应符合 ISO2372 标准和 ISO3495 标准，不大于 0.06mm。

（20）检查确认泵机组整体运转声音均匀、无杂音。

（21）检查确认机泵运行时电压、电流、泵压及流量等参数稳定，符合生产需要。

（22）机组运转正常后，注意观察大罐液位变化，防止机泵抽空。

（23）挂上运行牌，摘掉停运牌。

（24）按要求填写报表做好记录。

（25）回收工（用）具、清理现场。

操作安全提示：

（1）操作过程中，规范使用工（用）具，保证人身安全和设备安全。

（2）盘车时严禁佩戴手套，应转动灵活，无阻卡和杂音。

（3）放空时应缓慢，见新鲜液体无气体时关闭放空阀。

（4）工频离心泵启动后，打开出口阀门时间不宜超过 30s。

25. 停运离心泵操作。

准备工作：

（1）正确穿戴劳动保护用品。

（2）运行离心泵机组 1 台。

（3）工（用）具及材料：500mm F 扳手 1 把，200mm 活动扳手 1 把，300mm 活动扳手 1 把，250mm 活动扳手 1 把，绝缘手套 1 副，停运牌 1 块，放空桶 1 个，擦布若干。

操作程序：

（1）接到停泵通知后确认预停泵，联系相关岗位做好停泵准备。

（2）正常停泵操作：①工频泵。缓慢关小泵的出口阀门，当电流值下降接近最小值时，按停止按钮，立即关闭出口、进口阀门，挂上停运标识牌。②变频泵。缓慢旋转电位器旋钮，将频率调至最低，按停止按钮。将运行方式转换到“停止”位置，关闭机泵出口、进口阀门。变频柜挂上停运标识牌。

（3）紧急停泵操作：①工频泵。遇到特殊情况需要紧急停泵时，允许先按停止按钮，然后立即关闭机泵出口、进口阀门，挂上停运警示牌。②变频泵。直接按停止按钮，将运行方式转换到“停止”位置，将电位器旋钮归零；然后关闭机泵出口、进口阀门。变频柜挂上停运标识牌。

（4）停泵后侧身分开停运机泵电源空气开关。

（5）对长期停运的离心泵打开排污阀，按泵的旋转方向盘泵 3～5 圈，放净泵内液体。

（6）离心泵停止运转后，应及时擦净泵体及管路上的油渍，保持机组清洁，便于及时发现隐患。

（7）回收工（用）具，清理现场。

（8）按要求填写报表，告知相关岗位。

操作安全提示：

（1）操作过程中，规范使用工（用）具，保证人身安全和设备安全。

（2）开关阀门及断开空气开关时要侧身防止造成人身伤害。

（3）关闭泵出口阀门时要迅速，防止产生水击现象。

26. 更换离心泵密封填料操作。

准备工作：

（1）正确穿戴劳动保护用品。

（2）离心泵机组 1 台。

（3）工（用）具及材料：500mm F 扳手 1 把，固定扳手

1 套，200mm 活动扳手 1 把，200mm 一字形螺钉旋具 1 把，木板 1 块，美工刀 1 把，绝缘手套 1 副，密封填料钩 1 把，放空桶 1 个，密封填料若干，擦布若干，润滑脂若干，运行牌/检修牌各 1 块。

操作程序：

（1）按离心泵操作规程停运离心泵。

（2）关闭预停泵出口阀门。

（3）断开停运离心泵电源。

（4）摘下运行牌，挂上检修牌。

（5）关闭进口阀门。

（6）打开放空阀，放净泵内余压。

（7）拆卸密封填料压盖。

（8）用密封填料钩取出旧密封填料。

（9）检查轴套有无磨损。

（10）根据轴套外径量取单圈密封填料长度。

（11）按要求切割需要的密封填料长度及数量。

（12）密封填料切口斜度为 30°～45°，要求切口齐整，无松散线头，收回美工刀片。

（13）将切割好的密封填料涂抹黄油。

（14）将准备好的密封填料逐根加入密封填料盒中，注意切口垂直泵轴，相邻的密封填料接口处错开 90°～180°。

（15）加最后一根密封填料时，其接口位置朝下。

（16）安装密封填料压盖。

（17）均匀对称旋动密封填料压盖螺栓。

（18）密封填料压盖与泵壳端面平行，并有调整余地。

（19）盘泵 3～5 圈，检查密封填料松紧度，无卡阻和偏磨现象。

（20）关闭放空阀。

（21）打开泵进口阀门。

（22）打开放空阀，放净泵内气体见液后关闭。

（23）活动泵出口阀门。

（24）侧身合上离心泵电源。

（25）按下启动按钮，启动离心泵。

（26）缓慢打开出口阀门，调整运行参数。

（27）调节密封填料松紧适度，压盖无偏斜，运行时不发热、不冒烟、不甩液，密封填料压盖无偏斜。

（28）密封填料漏失量在 10～30 滴/min 范围内。

（29）摘下检修牌。挂上运行牌。

（30）运行正常后回收工（用）具、清理现场。

（31）做好记录。

操作安全提示：

（1）操作过程中，规范使用工（用）具，保证人身安全和设备安全。

（2）开关阀门操作时，要侧身，防止丝杠飞出造成人身伤害。

（3）停运离心泵时必须放空，禁止带压操作。

（4）密封填料压盖压入深度在 5mm 左右，以免过浅或过深，造成刺漏或冒烟现象。

27. 更换离心泵机械密封操作。

准备工作：

（1）正确穿戴劳动保护用品。

（2）备用离心泵机组 1 台。

（3）工（用）具及材料：500mm F 扳手 1 把，记录笔 1 支，机械密封 1 套，青稞纸垫 1 张，生料带 1 卷，润滑脂若干，清洗剂若干，100mm 毛刷 1 把，ϕ40mm×200mm 紫铜棒 1 根，8～32mm 套筒扳手 1 套，8～32mm 梅花扳手 1 套，300mm 活动扳手 1 把，250mm 拉力器 1 个，150mm、300mm 一字形螺钉旋具各 1 把，500mm 撬杠 1 个，内六角扳手 1 套，34～36mm 勾头扳手 1 把，300mm 深度尺 1 把，150mm 游标卡尺 1 把，擦布若干。

操作程序：

（1）拆卸泵后轴承端盖螺栓，并用紫铜棒轻敲端盖，取下轴承端盖。

（2）拆卸后轴承支架螺栓，用紫铜棒轻敲并取下轴承支架。

（3）用勾头扳手拆卸后轴承锁紧螺母。

（4）用拉力器取下后轴承，取下后轴承内端盖，取下后轴承挡套。

（5）拆卸静环压盖的固定螺栓，取下静环压盖。

（6）从静环压盖中取出旧机械密封静环，取出旧 O 形密封圈，取下填料轴套。

（7）用内六角扳手拆下填料轴套上的旧动环。

（8）擦拭清洁裸露处泵轴。

（9）检查新机械密封型号、规格正确、零件齐全完好、密封胶圈完好，无老化变形。

（10）检查新机械密封静环、动环密封端面光滑平整、无损伤划痕。

（11）检查新机械密封静环防转销，保证其长度及销孔深度与静环相匹配不允许错位。

（12）检查确认轴或轴套表面静环端盖内无毛刺沟痕，静环装入静环端盖后要保证静环与静环端盖中心线垂直，并且圆周上四个均布点的垂直度差值小于 0.05mm。

（13）机械密封动环定位安装操作。

① 按顺序依次在泵轴上装入填料轴套、静环压盖、静环压盖固定螺栓、轴承挡套、轴承，轴端用锁紧螺母将转子配件固定。

② 撬动泵前端联轴器，使离心泵转子移至前止点，在静环压盖外端面与填料轴套轴线相切的位置，做好记号。

③ 按后装先拆的顺序拆卸轴承锁紧螺母、轴承、轴承挡套、静环压盖、填料轴套并依次摆放。

④ 用深度尺测量填料轴套标记处至填料轴套键槽口端面的距离用 L_0 表示，并记录数值。

⑤ 将静环端盖密封面朝上放置，检查静环表面光滑平整无损伤划痕。

⑥ 将 O 形密封胶圈安装在静环上与静环一同装入压盖。

⑦ 再用深度尺测量安装好的静环与动环组合的自由高度用 L_1 表示并记录数值。

⑧ 根据公式 $L=L_0-L_1+S$ 计算动环在轴套上的安装位置。

L——动环在填料轴套上的定位尺寸，mm；

L_0——填料轴套前端面距离压盖外端面的距离，mm；

L_1——静环压盖+静环+动环组合的自由高度，mm；

S——弹性元件的压缩量，mm（一般波纹管压缩量为 3mm，弹簧为 4～6 压缩量 mm）。

（14）将拆卸的泵件清洗干净，确定泵各配件完好。

（15）安装动环：①根据计算数值将动环在轴套上的定位尺寸做好记号；②依次将动环推入填料轴套，使动环端面与标记刻度对正；③使用内六角扳手锁紧定位螺钉。

（16）将装有机械密封动环的轴套装入泵轴至工作位

置，将填料轴套的键槽对正泵轴的轴键。

（17）将静环整体装入静环压盖内，将防转销位置对正，并在压盖端面凸台上缠好密封胶带，装入泵轴上，对称紧固好压盖螺栓。

（18）装入轴套密封胶圈、轴承挡套、轴承后端盖、安装轴承、涂抹润滑脂紧固好轴承锁紧螺母、安装轴承支架，对称紧固螺栓螺母。

（19）按要求补充润滑脂添加量为轴承室容积的1/2～2/3。

（20）安装轴承外端盖并对称紧固端盖固定螺栓。

（21）盘泵3～5圈，检查机械密封有无卡阻和偏磨现象。

（22）试运：①低压试运。打开泵的进口阀门进行静压试漏，机械密封应达到不渗不漏。②高压试运。按操作规程启泵试运，检查运行声音正常，机械密封漏失量＜10滴/min、运行温度视机械密封的材料不同要求不同，日常检查一般以不烫手为宜。

（23）回收工（用）具，清理现场。

操作安全提示：

（1）操作过程中，规范使用工（用）具，保证人身安全和设备安全。

（2）静环安装在压盖内圆周与圆周四点的垂直度差值应小于0.05mm，防止刺漏。

（3）注意拆卸后轴承锁紧螺母时的旋动方向，防止损坏泵轴。

（4）开关阀门时，注意侧身，防止造成人身伤害。

28. 离心泵一级保养操作。

准备工作：

（1）正确穿戴劳动保护用品。

（2）离心泵机组 1 套。

（3）工（用）具及材料：500mm F 扳手 1 把，8～32mm 开口扳手 1 套，8～32mm 梅花扳手 1 套，150mm 一字形螺钉旋具 1 把，250mm 十字形螺钉旋具 1 把，0.75kg 手锤 1 把，150mm 游标卡尺 1 把，ϕ40mm×200mm 铜棒 1 根，200mm 扁铲 1 个，250mm 拉力器 1 个，油盆 1 个，青稞纸 1 张，毛刷 1 把，润滑脂若干，擦布若干。

操作程序：

（1）按操作规程停运离心泵。

（2）检查并清洗泵前后轴承与润滑室、更换新润滑脂（油）；润滑脂为轴承室容积的 1/2～2/3 之间，润滑油油位应在润滑室看窗的 1/3～1/2 之间。轴承要无明显磨损及损坏。

（3）检查联轴器的连接螺栓是否紧固，确认其受力均匀、无松动、无滑扣磨损等现象。

（4）检查机组的各种显示仪表，确认其灵敏、准确、可靠，并在检定有效日期内。

（5）检查清洗过滤器，确认其清洁畅通，滤网无损坏。

（6）回收工（用）具，清理现场。

操作安全提示：

（1）操作过程中，规范使用工（用）具，保证人身安全和设备安全。

（2）按标准要求检查机泵各部件，不合格的要及时清理、调整或更换。

29. 离心泵二级保养操作。

准备工作：

（1）正确穿戴劳保用品。

（2）多级离心泵机组 1 套。

（3）工（用）具及材料：500mm F 扳手 1 把，8～32mm 开口扳手 1 套，8～32mm 梅花扳手 1 套，150mm 一字形螺钉旋具 1 把，250mm 十字形螺钉旋具 1 把，ϕ40mm×200mm 铜棒 1 根，200mm 扁铲 1 个，0.75kg 手锤 1 把，250mm 拉力器 1 个，油盆 1 个，青稞纸 1 张，毛刷 1 把，150mm 游标卡尺 1 把，铅丝若干，润滑脂若干，擦布若干。

操作程序：

（1）关闭泵出口阀门，按停止按钮，关闭进口阀门，放掉泵内余压。

（2）拆卸泵后轴承端盖螺栓，并用紫铜棒轻敲端盖，取下轴承端盖。

（3）拆卸后轴承支架螺栓，用紫铜棒轻敲并取下轴承支架。

（4）拆卸后轴承锁紧螺母。

（5）用拉力器取下后轴承，取下后轴承内端盖，取下后轴承挡套。

（6）测量安装轴承部位的泵轴直径，测量轴承内径，计算间隙合格。

（7）拆卸密封填料压盖固定螺栓，取出旧密封填料、水封环。

（8）拆卸填料函，转动泵轴取下密封填料轴套。

（9）取下平衡盘、平衡环。

（10）检查清洗轴承、轴套及压盖。

（11）检查清洗平衡环、平衡盘。

（12）检查轴承、轴套、平衡盘、平衡环磨损情况，如磨损严重需更换。

（13）按与拆卸相反的顺序安装各泵件，轴套应加密封胶圈，紧固各部位螺栓应均匀用力，各密封处应加垫片，各接触部位应涂润滑脂。

（14）盘泵、试运检查运转情况。

（15）回收工（用）具，清理现场。

操作安全提示：

（1）操作过程中，规范使用工（用）具，保证人身安全和设备安全。

（2）按标准要求检查离心泵各部件，不合格的要及时清理、调整或更换。

（3）平衡盘窜量应在 2～4mm 之间。

（4）轴承室加注润滑油要适量。

30. 直尺法测量离心泵机组同轴度操作。

准备工作：

（1）正确穿戴劳动保护用品。

（2）离心泵机组 1 套。

（3）工（用）具及材料：200mm、250mm 活动扳手各 1 把，8～32mm 梅花扳手 1 套，150mm 钢板尺 1 把，100mm 塞尺 1 把，标准量块 1 套，500mm 撬杠 1 把，ϕ30mm×200mm 铜棒 1 根，0.05mm、0.10mm、0.20mm、0.5mm、1mm、2mm 紫铜皮垫片若干，计算器 1 个，标识牌 1 个，石笔 1 根，记录纸若干，记录笔 1 支，擦布若干。

操作程序：

（1）检查确认离心泵机组处于断电安全状态，并悬挂“有人操作、禁止合闸”标识牌。检查机泵周围无杂物。

（2）拆除联轴器护罩，擦拭联轴器，拆卸联轴器连接螺栓。

（3）在电动机端盖上对应做好标记作为基准线（0°），

用石笔在联轴器上均匀分四等份划线（0°、90°、180°、270°）。

（4）测量径向偏差：用直尺和塞尺配合使用，分别在联轴器平面上 0°、90°、180°、270°位置上测量，做好记录。

（5）测量轴向偏差：用标准量块和塞尺配合使用，分别测量联轴器 0°、90°、180°、270°方位的开口尺寸，做好记录。

（6）计算垫片厚度。径向：

$$\Delta h=\frac{0°+180°}{2}$$

轴向：

$$X_1=\frac{a-b}{D}\times L_1 \quad X_2=\frac{a-b}{D}\times L_2$$

综合：

$$S_1=X_1+\Delta h \quad S_2=X_2+\Delta h$$

式中　Δh——电动机径向垫片计算厚度，mm；

X_1——电动机前地脚轴向垫片计算厚度，mm；

X_2——电动机后地脚轴向垫片计算厚度，mm；

a——联轴器轴向 0°方位的开口尺寸，mm；

b——联轴器轴向 180°方位的开口尺寸，mm；

D——联轴器直径，mm；

L_1——电动机联轴器端面距电动机前地脚螺栓中心水平距离，mm；

L_2——电动机联轴器端面距电动机后地脚螺栓中心水平距离，mm；

S_1——电动机前地脚垫片计算总厚度，mm；

S_2——电动机后地脚垫片计算总厚度，mm。

（7）根据计算垫片总厚度选加垫片，每组垫片总数不超过3片。

（8）径向、轴向上下偏差调整：卸松电动机前后地脚螺栓，撬起电动机塞加垫片，完成径向、轴向上下偏差调整，垫片外露不超过2mm。

（9）塞加垫片后，使用标准量块调整联轴器间隙，使其介于4～6mm之间。

（10）使用钢板尺和铜棒配合，调节电动机左右轴向偏差。

（11）使用钢板尺和铜棒配合，调节电动机左右径向偏差。

（12）对角紧固电动机地脚螺栓。

（13）按离心泵运转方向盘泵3～5圈，用直尺、塞尺配合进行检测，径向、轴向偏差＜0.10mm。

操作安全提示：

（1）操作过程中，规范使用工（用）具，保证人身安全和设备安全。

（2）测量时钢板尺必须放正，直尺应与轴线平行，不能歪斜。

（3）使用塞尺测量时一般不超过3片，间隙较大时可同标准量块配合使用，使用后及时复位，防止损伤量具。

（4）使用撬杠要正确，避免脱手伤人。

31. 启动加药计量泵操作。

准备工作：

（1）正确穿戴劳动保护用品。

（2）计量泵机组1套。

（3）工（用）具及材料：200mm活动扳手1把，200mm一字形螺钉旋具1把，内六角扳手1套，绝缘手套1副，运行牌1块，擦布若干。

操作程序：

（1）启计量泵前检查润滑油的油位在 1/3～2/3 之间，润滑油无乳化、变色现象。

（2）检查加药罐液位处于安全高度，检查出口过滤器无堵塞。

（3）检查机组螺栓（电动机地脚、泵地脚、接地）紧固，检查脉冲阻尼器、安全阀完好。

（4）检查计量泵冲程（流量）调节器及固定顶丝完好。

（5）检查三相电压在 360～420V 之间，戴绝缘手套合电源闸刀。

（6）全开流程出口阀门、加药罐出口阀门，全开加药泵进口阀门、出口阀门，全开压力表引压阀。

（7）按启动按钮启泵，挂运行牌，松冲程（流量）调节器顶丝。

（8）按要求调整加药量。

（9）检查出口压力值在合理范围内。

（10）检查加药罐液位下降情况及加药泵运转声音、振动、驱动箱温度、异味等情况。

（11）回收工（用）具，清理现场。

操作安全提示：

（1）操作过程中，规范使用工（用）具，保证人身安全和设备安全。

（2）加药量需经过计算后方可调节。

32. 更换单级单吸悬臂式离心泵机油操作。

准备工作：

（1）正确穿戴劳动保护用品。

（2）单级单吸悬臂式离心泵 1 台。

（3）工（用）具及材料：生料带 1 卷，润滑油若干，清洗液若干，200mm 活动扳手 1 把，润滑油桶 1 个，加油漏斗 1 个，污油盆 1 个，擦布若干。

操作程序：

（1）根据设备性能选用合适的润滑油。

（2）更换前检查油位、油质及丝堵密封情况。

（3）拆卸润滑油室丝堵，放净并回收旧润滑油。

（4）打开润滑油室通气塞，用清洗液冲洗油室。

（5）冲洗干净后再用新润滑油冲洗油室。

（6）将丝堵缠上密封胶带，安装润滑油室丝堵。

（7）加注新润滑油，检查油位至看窗 1/3～1/2 处，检查渗漏。

（8）安装润滑油室通气塞，按泵旋转方向盘泵 3～5 圈。

（9）回收工（用）具，清理现场。

操作安全提示：

（1）操作过程中，规范使用工（用）具，保证人身安全和设备安全。

（2）更换机油应在停泵后短时间内进行，以免泵内杂质沉积。

33. 取外输油样操作。

准备工作：

（1）正确穿戴劳动保护用品。

（2）工（用）具及材料：取样桶 1 个，污油桶 1 个，记录纸若干，记录笔 1 支，擦布若干。

操作程序：

（1）检查取样桶是否干燥、清洁。

（2）打开取样阀，向污油桶中放掉管内老油后关闭取样阀。

（3）打开取样阀，用取样桶分三次接取油样至样桶的1/2～2/3处后关闭取样阀。

（4）盖好取样桶，以防止油品挥发或落入雨水等杂质。

（5）填写取样标签。

（6）回收工（用）具、清理现场。

操作安全提示：

（1）取样前必须放掉管内老油。

（2）取样时，要控制好阀门开度，以防止油品飞溅。

34. 更换安装压力表操作。

准备工作：

（1）正确穿戴劳动保护用品。

（2）正常生产流程1套。

（3）工（用）具及材料：200mm、250mm、300mm活动扳手各1把，符合量程校验合格的压力表1块，通针1根，生料带1卷，压力表密封垫1个，钢丝刷1把，擦布若干。

操作程序：

（1）检查生产流程。

（2）记录压力值。

（3）关闭压力表控制阀，打开压力表放空阀放净余压。

（4）缓慢卸松旧压力表。

（5）待旧压力表指针归零，泄压后卸掉旧压力表。

（6）拆卸压力表表接头。

（7）清理表接头及控制阀内脏物，清通表接头及新压力表引压孔。

（8）表接头顺时针缠上生料带，安装表接头。

（9）安装压力表密封垫。

（10）安装压力表，调整表接头摆正压力表表盘，清理表接头外露生料带。

（11）关闭放空阀门，缓慢打开控制阀试压，检查渗漏。

（12）待压力稳定，检查无渗漏后开大压力表控制阀。

（13）读取并记录压力值。

（14）回收工（用）具，清理现场。

操作安全提示：

（1）更换压力表前应关闭压力表控制阀，严禁带压操作。

（2）操作时，规范使用工（用）具，防止发生人身伤害。

（3）要缓慢打开压力表控制阀进行试压。

35. 更换法兰阀门操作。

准备工作：

（1）正确穿戴劳动保护用品。

（2）正常生产流程 1 套。

（3）工（用）具及材料：DN50 阀门 1 个，500mm F 扳手 1 把，250mm、300mm 活动扳手各 1 把，200mm 一字形螺钉旋具 1 把，150mm 刮刀 1 把，500mm 撬杠 1 根，放空桶 1 个，DN50 石棉垫片 2 片，润滑脂若干，擦布若干。

操作程序：

（1）检查流程，缓慢打开连通阀。

（2）关闭进口阀门，关闭出口阀门。

（3）打开放空阀泄压，放净流程内压力。

（4）先卸法兰外侧下部的螺栓，再依次拆卸其余螺栓。

（5）取下旧阀门，清理旧垫片。

（6）清理法兰密封面、水纹线及法兰管口。

（7）在新垫片两侧均匀涂抹黄油。

（8）检查新阀门规格型号与旧阀门一致，外观完好、开关灵活，关闭新阀门。

（9）按介质流动方向安装新阀门，法兰两侧对角安装螺栓。

（10）撬开两侧阀门法兰，加入新垫片，调整法兰垫片摆正位置。

（11）对称紧固法兰螺栓后，打开新阀门。

（12）关闭放空阀。

（13）缓慢打开出口阀门试压，检查应无渗漏。

（14）开大出口阀门，打开进口阀门。

（15）关闭连通阀门。

（16）回收工（用）具，清理场地。

操作安全提示：

（1）操作过程中，规范使用工（用）具，保证人身安全和设备安全。

（2）操作前应将管线内压力放净，严禁带压操作。

（3）法兰密封面应处理干净、平整无杂物。

（4）紧固法兰螺栓时应用力均匀，使法兰之间保持端面平行。

（5）试压时应不渗不漏。

（6）拆卸阀门时必须先拆卸法兰外侧下部螺栓，防止余压伤人。

36. 阀门日常维护的操作。

准备工作：

（1）正确穿戴劳动保护用品。

（2）正常生产流程 1 套。

（3）工（用）具及材料：500mm F 扳手 1 把，200mm、

300mm 活动扳手各 1 把，密封填料钩 1 把，150mm 一字形螺钉旋具 1 把，200mm 通心螺钉旋具 1 把，0.75kg 手锤 1 把，黄油枪 1 把，润滑油若干，擦布若干，细砂纸若干。

操作程序：

（1）按操作规程切断流程，泄压。

（2）拆卸手轮锁帽，拆卸检查手轮、阀门铜套子及连接键完好。

（3）清除阀门丝杠上的污物、锈蚀，涂抹润滑油。

（4）清除阀门铜套子上的污物、锈蚀，涂抹润滑油。

（5）安装阀门铜套子、连接键、手轮及手轮锁帽。

（6）清除阀门表面的污物、锈蚀。

（7）拆卸密封填料压盖，取出旧填料，清除密封填料处的污物、锈蚀，加入新填料。

（8）清洁油嘴，向油嘴内加润滑脂。

（9）将阀门关闭后再开至最大，检查维护效果。

（10）恢复生产流程。

（11）检查手轮锁帽紧固无松动。

（12）检查密封填料压盖、阀盖及法兰处无渗漏。

（13）收拾工具，清理现场。

操作安全提示：

（1）操作过程中，规范使用工（用）具，保证人身安全和设备安全。

（2）发现密封部位有渗漏时，要及时处理。

37. 更换阀门密封填料操作。

准备工作：

（1）正确穿戴劳动保护用品。

（2）正常生产流程 1 套。

（3）工（用）具及材料：200mm 活动扳手 1 把，200mm 一字形螺钉旋具 1 把，500mm F 扳手 1 把，美工刀 1 把，木板 1 个，密封填料钩 1 个，挂钩 1 个，放空桶 1 个，密封填料若干，润滑脂若干，擦布若干。

操作程序：

（1）检查流程，打开连通阀门。

（2）关闭需更换填料阀门的进出口控制阀门。

（3）打开放空阀门，放净压力。

（4）拆卸密封填料压盖紧固螺母，用挂钩固定好密封填料压盖。

（5）取出旧密封填料，清理填料函，在丝杆处量取密封填料长度。

（6）切割新密封填料，切口应为 30°～45°，切割后收回美工刀片。

（7）将新密封填料涂抹润滑脂后加入填料函里，相邻两根密封填料切口错开 90°～180°。

（8）对称均匀紧固密封填料压盖螺母，松紧合适。

（9）活动更换密封填料的阀门，确认开关灵活后打开阀门。

（10）关闭放空阀门。

（11）打开出口阀门试压，检查应不渗不漏。

（12）开大出口阀门，打开进口阀门，关闭连通阀门。

（13）回收工（用）具、清理现场。

操作安全提示：

（1）操作过程中，规范使用工（用）具，保证人身安全和设备安全。

（2）切割密封填料时，每根大小要合适，切口应为

30°～45°。

（3）加入密封填料时，相邻两根密封填料切口错开 90°～180°。

（4）密封填料压盖压入深度应在 5mm 左右，防止过紧影响阀门开关，过松发生刺漏。

38. 检查清洗离心泵过滤器操作。

准备工作：

（1）正确穿戴劳动保护用品。

（2）离心泵机组 1 台。

（3）工（用）具及材料：500mm F 扳手 1 把，3mm 石棉垫片 1 片，8～32mm 梅花扳手 1 套，钢丝刷 1 把，500mm 撬杠 1 把，清洗盆 1 个，清洗剂若干，润滑脂若干，放空桶 1 个，检修牌 1 个，擦布若干。

操作程序：

（1）按操作规程停泵，关闭泵进出口阀门，打开排污阀和过滤器顶部放空阀，放净过滤器内余压及介质，挂检修牌。

（2）拆卸过滤器端盖，把过滤器端盖密封面朝上放置在安全处。

（3）检查清理过滤器端盖密封面、过滤缸体密封面及水纹线。

（4）清洗过滤网并检查过滤网破损情况。

（5）清理过滤网固定槽及过滤器内部污物。

（6）将过滤网正确装入固定槽内，并安装好涂抹润滑脂的垫片。

（7）安装过滤器端盖，对称均匀紧固螺栓。

（8）关闭排污阀和放空阀，缓慢打开进口阀门试压，打开放空阀排气见液后关闭放空阀。

（9）检查应无渗漏，摘检修牌。

（10）回收工（用）具、清理现场。

操作安全提示：

（1）操作过程中，规范使用工（用）具，保证人身安全和设备安全。

（2）拆卸过滤器端盖时应平稳，避免掉落砸伤。

（3）清洗过滤网时要用热水冲洗或用清洗剂，严禁用火烧过滤网。

39. 更换压力变送器操作。

准备工作：

（1）正确穿戴劳动保护用品。

（2）配套工艺 1 套。

（3）工（用）具及材料：数字万用表（VC8/90UT890）1 块，压力变送器 1 块，75mm 十字形螺钉旋具 1 把，250mm 活动扳手 2 把，200mm 尖嘴钳 1 把，聚四氟乙烯垫片 1 个，线号标识签若干，记号笔 1 支，擦布若干。

操作程序：

（1）切断电源，打开端盖，验电。

（2）标记正负极，拆卸信号线。

（3）拆卸防爆接头，取出电缆。

（4）关闭压力变送器控制阀，打开泄压阀，确认无压后拆下压力变送器。

（5）清理接头内腔杂质，更换新垫片。

（6）核对铭牌，安装新压力变送器。

（7）关闭泄压阀，微开控制阀门试压，检查确认无渗漏，全开控制阀门。

（8）安装防爆附件套及导线，将导线穿入变送器接线盒，剥线长度 5～8mm。

（9）按标记连接导线，放平防爆胶垫，紧固防爆螺母。

（10）将多余导线放入接线盒内并安装盒盖，送电，检查电压，检查显示数据。

（11）回收工（用）具，清理现场。

操作安全提示：

（1）操作过程中，规范使用工（用）量具，保证人身安全和设备安全。

（2）注意先断开电源，确认无电后，方可进行拆卸，防止触电。

（3）拆卸前先关闭控制阀门，打开泄压阀确认无压后，方可进行拆卸，防止余压伤人。

（4）安装压力变送器穿入导线时，要注意不要刮伤导线，防止线路短路发生事故。

40. 更换温度变送器操作。

准备工作：

（1）正确穿戴劳动保护用品。

（2）HB3500-1/0～100℃温度变送器配套工艺流程 1 套。

（3）工（用）具及材料：温度变送器 1 块，密封垫片 2 片，线号标志 1 套，75mm 十字形螺钉旋具 1 把，375mm 活动扳手 1 把，200mm 尖嘴钳 1 把，200mm 剥线钳 1 把，内六角扳手 1 套，VC890/UT890 万用表 1 块，350mL 机油壶 1 个，导热油若干，擦布若干。

操作程序：

（1）切断电源，打开端盖，验电。

（2）标记正负极，拆卸信号线。

（3）拆卸防爆接头，取出电缆。

（4）拆卸旧温度变送器。

（5）核对铭牌型号，选择新温度变送器。

（6）加入适量导热油，安装密封垫片，将新温度变送器插入安装套管，旋紧螺口，保证表盘的方向便于观察。

（7）安装防爆附件套及导线，将导线穿入变送器接线盒，剥线长度 5～8mm，按标记连接导线，放平防爆胶垫，紧固防爆螺母。

（8）将多余导线放入接线盒内，并安装好盒盖，送电，检查电压、检查确认数据显示正常。

（9）回收工（用）具、清理现场。

操作安全提示：

（1）操作过程中，规范使用工（用）具，保证人身安全和设备安全。

（2）注意先断开电源，确认无电后，方可进行拆卸，防止触电。

（3）剥线长度要在 5～8mm，防止接触不良或发生短路等情况。

（4）安装温度变送器穿入导线时，要注意不要刮伤导线，防止线路短路发生事故。

41. 更换电磁流量计操作。

准备工作：

（1）正确穿戴劳动保护用品。

（2）DN50PN1.6MPa 电磁流量计配套工艺流程 1 套。

（3）工（用）具及材料：500mm F 扳手 1 把，8～32mm 梅花扳手 1 套，300mm 撬杠 1 根，250mm 刮刀 1 把，75mm 一字形螺钉旋具 1 把，警示牌 1 个，润滑脂（锂基脂 3#）若干，DN50 法兰垫片 2 片，擦布若干。

操作程序：

（1）按操作规程切换备用流程：打开连通阀门，关闭电磁流量计流程进出口阀门。

（2）挂警示牌，打开放空阀泄压，确认压力归零。

（3）记录底数，断电，拆卸防爆盒盖及电源信号线，并做好绝缘及标记。

（4）再次确认压力归零后开始拆卸法兰螺栓，先拆卸法兰外侧下部螺栓，再拆卸其余螺栓。

（5）拆卸电磁流量计，清理法兰密封面。

（6）核对型号，选择新电磁流量计，检查确认新电磁流量计外观完好，检定合格证有效，显示正常，记录好新流量计底数。

（7）按介质流动方向安装新电磁流量计，加入涂好润滑油的新垫片并对称均匀紧固法兰螺栓。

（8）接线、送电，设置量程（流速 2～4m/s 最佳范围）阻尼时间，电流输出类型参数，安装防爆盒盖。

（9）关闭放空阀，缓慢打开出口阀门试压，检查应无渗漏。

（10）全开出口阀门、进口阀门，关闭连通阀门，摘警示牌。

（11）回收工（用）具，清理现场。

操作安全提示：

（1）操作过程中，规范使用工（用）具，保证人身安全和设备安全。

（2）切换流程不要倒错，防止憋压。

（3）拆卸电磁流量计前，要再次确定压力归零，防止余压伤人。

（4）开关阀门注意侧身，使用 F 扳手开口向外使用。

（5）拆卸电源信号线时，要做好绝缘及标记。

二、常见故障判断与分析

1. 三相分离器冒罐的原因有哪些？如何处理？

故障原因：

（1）液位计或调节阀失灵发现不及时。

（2）突然停电或井组来液量突增发现不及时。

（3）外输油泵进出口阀门闸板脱落或过滤器堵塞。

（4）外输流量计过滤器堵塞。

（5）外输油泵严重抽空未及时发现，泵内有气体。

（6）三相分离器出口阀门闸板脱落。

（7）外输油管线堵塞。

（8）三相分离器突发气管线穿孔，压力迅速下降。

（9）三相分离器水出口阀门闸板脱落，水出口管线堵塞。

处理方法：

（1）增大外输泵排量，降低三相分离器液位，启运备用分离器，查找液位计和调节阀失灵的原因并处理。

（2）①如果是突然停电造成的冒罐，单排电源停电，切断停电侧电源供电刀闸，合母联恢复送电，启运外输泵，增大泵排量；双排电源停电，立即汇报主管领导，与下游站库联系后，及时倒混输流程。②如果是井站来液大造成的冒罐，开大外输泵排量或启动备用泵，加大排量。

（3）如果是外输油泵进、出口阀门闸板脱落或过滤器堵塞造成的冒罐，启运备用泵大排量，抽低三相分离器液位后，处理故障。

（4）如果是外输流量计过滤器堵塞，倒运流量计直通流程或倒运备用流量计，开大外输泵排量，抽低三相分离器液位后，清理流量计过滤器。

（5）及时停运事故泵，启运备用泵后大排量运行降低三相分离器液位后，处理故障泵。

（6）导通备用三相分离器，关闭运行三相分离器进口阀门，对故障阀门进行抢修。

（7）如果是外输油管线堵塞，应该立即汇报，导通备用三相分离器，根据三相分离器承液情况减少来液量。

（8）如果是气管线穿孔应及时汇报，关小或关闭气出口阀门，进行应急抢修处理。

（9）如果是水出口阀门闸板脱落或水出口管线堵塞应立即汇报，倒运备用三相分离器进行应急抢修。

（10）处理冒罐完毕后要对进油的气管线扫线放空，启动收油泵，回收除油器内液体。

2. 三相分离器抽空的原因有哪些？如何处理？

故障原因：

（1）井组来液突然减少，发现不及时。

（2）输气管线堵或下游单位发生故障，造成三相分离器内压力上升，液位下降。

（3）外输油泵排量过大；调节阀失灵。

（4）三相分离器水出口流程穿孔。

处理方法：

（1）立即停运外输油泵。

（2）如果是外输气管线堵塞造成的，应立即打开紧急放空阀，根据三相分离器液位上升情况调整放空阀开启度，控制三相分离器压力，平稳运行后查找原因并处理。

（3）调整外输油泵排量；维修调节阀。

（4）立即汇报，切换三相分离器进行应急抢修。

3. 三相分离器压力突然上升的原因有哪些？如何处理？

故障原因：

（1）压力表指示不准确。

（2）冬季生产时外输气管线冻结或堵塞。

（3）下游站库发生故障。

处理方法：

（1）检查更换压力表。

（2）立即向调度汇报，打开紧急放空阀，根据三相分离器液位上升情况调整放空阀开启度，控制三相分离器压力平稳运行后进行抢修解堵。

（3）联系下游站库查找原因并处理。

4. 三相分离器压力突然下降的原因有哪些？如何处理？

故障原因：

（1）压力表指示不准确。

（2）排污阀、放空阀被打开。

（3）外输气管线穿孔。

（4）外输气阀门开得过大。

（5）容器出现穿孔泄漏。

（6）来液流程突然穿孔。

处理方法：

（1）检查更换压力表。

（2）关闭排污阀、放空阀。

（3）立即向调度汇报，根据三相分离器液位上升情况调整外输气阀门开启度，控制三相分离器压力平稳运行后查找原因并处理穿孔。

（4）调整外输气阀门开启度，控制外输气量。

（5）启运备用三相分离器，维修故障分离器。

（6）减少外输排量，立即汇报领导进行应急抢修。

5. 三相分离器浮球液位计失灵的原因有哪些？如何处理？

故障原因：

（1）液位计连杆断裂。

（2）液位计浮球坏或脱落。

（3）浮球连接装置锈蚀，卡阻。

处理方法：

按操作规程导通备用三相分离器，将故障三相分离器清罐，分析具体原因进行维修或更换液位计。

6. 三相分离器调节阀失灵的原因有哪些？如何处理？

故障原因：

（1）调节阀进出口连通阀门打开过大。

（2）调节阀锈蚀卡死。

处理方法：

（1）调整调节阀进出口连通阀门。

（2）组织专业人员进行维修。

7. 三相分离器液位过高的原因有哪些？如何处理？

故障原因：

（1）来液量过大。

（2）气出口阀门开得过大，导致三相分离器内压力降低，液位上升。

（3）油出口阀门开得过小或外输泵排量小，油抽不出去造成液位升高。

（4）放水（沉降水）阀门开得过小，分离出来的沉降污水排不出去，三相分离器液位过高。

（5）三相分离器内泥沙等杂质过多。

处理方法：

（1）增大外输泵排量，降低三相分离器液位。

（2）关小气出口阀门，使三相分离器内压力升高将液位压低。

（3）开大油出口阀门或提高外输泵排量。

（4）开大放水阀门降低液位。

（5）清除三相分离器内泥沙等杂质。

8. 三相分离器液位过低的原因有哪些？如何处理？

故障原因：

（1）来液量过小。

（2）气出口阀门开得过小，导致三相分离器内压力过高将液位压低。

（3）外输泵排量过大造成液位过低。

（4）放水（沉降水）阀门开得过大或水系统用水量过大。

处理方法：

（1）控制外输油量，使三相分离器液位回升到正常值。

（2）开大气出口阀门，降低三相分离器内的压力，使三相分离器液位回升到正常值。

（3）降低外输泵排量，使三相分离器液位回升到正常值。

（4）关小放水（沉降水）阀门或控制水系统供水量，减少放水量，使三相分离器液位回升到正常值。

9. 三相分离器气管线进油的原因有哪些？如何处理？

故障原因：

（1）三相分离器调节阀浮漂连杆等机构失灵，无法根据液位控制开启度，使液位迅速上升进入气管线。

（2）出油阀、放水（沉降水）阀卡死或未开；管线堵死，造成油、水输不出去，液位上升时进入气管线。

（3）气出口阀门开得过大或分离器压力过低，造成液位上升过快，使油进入气管线。

处理方法：

（1）打开三相分离器调节阀直通阀门，降低液位，切换备用分离器恢复生产，检查维修故障分离器浮漂连杆机构。

（2）开大出油阀、放水阀，降低液位或切换备用三相分离器，检修故障分离器出油阀、放水阀或清通管线。

（3）关小气出口阀门，提高三相分离器压力，使液位在正常值内波动。

（4）处理完毕后要对进油的气管线扫线放空，启动收油泵，回收除油器内液体。

10. 三相分离器出水管线见油的原因有哪些？如何处理？

故障原因：

（1）处理量过大，沉降时间少，不能满足生产需求，造成三相分离器内油水未分离就从水出口排出。

（2）破乳剂加入量不够造成破乳效果不好，油水不分离。

（3）放水（沉降水）阀开得过大或自动放水阀失灵，导致油水界面过低，油从水出口排出。

（4）操作不平稳，开关阀门过猛，导致油被水流旋出。

（5）出油阀关闭、卡阻或出油管线堵塞。

（6）外输油泵停泵或抽空。

处理方法：

（1）合理控制外输泵的排量、水系统供水量延长沉降时间。

（2）合理控制破乳剂加入量，使破乳效果达标。

（3）关小放水（沉降水）阀或关闭自动放水阀前后控制阀，微开连通阀，恢复油水界面高度，防止油从水出口排出，维修自动放水阀门。

（4）平稳操作，缓慢开关放水阀门，使其不产生旋流现象。

（5）打开出油阀或倒运备用分离器，更换出油阀，解堵出油管线。

（6）启动备用外输泵，恢复外输生产，处理外输泵抽空故障。

（7）处理完毕后启动收油泵，回收污水中污油。

11. 三相分离器压力过高的原因有哪些？如何处理？

故障原因：

（1）来液量突然增大，操作人员未及时加大外输油和外输水排量。

（2）气出口阀门开得过小或气出口管线堵塞，造成三相分离器压力升高。

（3）放水（沉降水）阀门开得过小，或自动放水阀卡住造成放水管线堵塞。

（4）出油阀门开得过小或出油管线堵塞；外输油泵停泵、抽空等机泵故障造成压力升高。

处理方法：

（1）开大气出口阀门，加大水系统供水量，提高外输泵排量。

（2）开大气出口阀门，清通堵塞的气出口管线。

（3）开大放水阀门或打开连通阀门，关闭自动放水阀前后控制阀门，维修自动放水阀。

（4）开大出油阀门，清理堵塞的出油管线；启运备用外输油泵，加大排量恢复生产，查明原因处理故障外输泵。

12. 三相分离器压力过低的原因有哪些？如何处理？

故障原因：

（1）来液量过少，操作人员未及时降低外输油排量。

（2）气出口阀门开得过大或气出口管线有穿孔造成压力降低。

（3）放水（沉降水）阀门开得过大或自动放水阀失灵，使三相分离器内压力降低。

（4）三相分离器有泄漏造成压力降低。

处理方法：

（1）降低外输泵排量，恢复三相分离器的压力。

（2）关小气出口阀门，恢复三相分离器的压力，查明原因进行维修。

（3）关小放水阀门，调控自动放水阀的连通阀门，关闭其前后控制阀门，维修自动放水阀门。

（4）启用备用三相分离器恢复生产，维修泄漏容器。

13. 转油站除油器进油的原因有哪些？如何处理？

故障原因：

（1）三相分离器高液位发现不及时，造成除油器进油。

（2）流程倒错，除油器直接进油。

处理方法：

（1）启动备用外输油泵提高排量，降低三相分离器液位保证平稳生产，启动收油泵回收除油器中的原油。

（2）检查流程，查找事故原因并处理；启动收油泵回收除油器中的原油。

14. 游离水脱除器运行时压力异常的原因有哪些？如何处理？

故障原因：

（1）上游转油站来液异常，忽高忽低。

（2）调节阀失灵。

处理方法：

（1）检查来液汇管压力，判断转油站来液是否正常。

（2）调节阀失灵的处理方法。

① 如果压力高，油水界面高，可适当开启放水连通阀门加大放水，恢复压力及油水界面。

② 如果压力高，油水界面低，可适当开大油出口汇管调节阀连通阀门降低压力，恢复油水界面。

③ 如果压力低，油水界面高，可关小油出口阀门，恢复压力及油水界面。

④ 如果压力低，油水界面低，可控制放水排量，恢复压力及油水界面。

⑤ 如果油水界面正常，压力异常，可同时适当调整放水量及油出口排量。

⑥ 查明原因及时处理调节阀故障，恢复正常生产。

15. 游离水脱除器油出口含水过高的原因有哪些？如何处理？

故障原因：

（1）放水阀开启度小，游离水脱除器内油水界面过高。

（2）来油油质不好形成老化油或来液量大。

（3）破乳剂用量不够，油水分离效果不好。

（4）开关阀门操作过猛不平稳。

处理方法：

（1）开大放水阀门加大放水量，降低油水界面。

（2）查明原因，减少污水沉降罐及污水岗的污油回收量，加大放水量。

（3）加大一段破乳剂的用量。

（4）缓慢开关阀门平稳操作。

16. 游离水脱除器的放水调节阀失灵，大量原油进入污水沉降罐的原因有哪些？如何处理？

故障原因：

游离水脱除器的放水调节阀失灵，岗位人员监测不及时。

处理方法：

（1）适当开启游离水脱除器放水调节阀连通阀门，关闭放水调节阀前后控制阀门，逐步恢复游离水脱除器的油水界面在 1/2～2/3 处（根据实际情况控制）。

（2）关小污水泵出口阀门，降低污水泵排量。

（3）将污水沉降罐的液位升至收油槽高度，打开沉降罐的收油阀门，按操作规程启动收油泵进行收油。

（4）收油完毕后，按操作规程停运收油泵，关闭污水沉降罐收油阀门。

（5）查找原因，维修故障调节阀。

（6）切换回原流程，恢复生产。

17. 游离水脱除器运行时油水界面过高的原因有哪些？如何处理？

故障原因：

（1）放水阀门开得过小。

（2）放水出口管线有堵塞。

（3）游离水脱除器内沉积泥沙过多，游离水脱除器内有效沉降空间减小。

处理方法：

（1）开大放水阀门，加大放水量，降低油水界面高度。

（2）清通放水出口管线。

（3）清除游离水脱除器内部泥沙。

18. 游离水脱除器运行时油水界面过低的原因有哪些？如何处理？

故障原因：

（1）油出口阀门开得过小或管线有堵塞导致油输不出去。

（2）下游岗位控制油进口阀门过小。

（3）放水阀开得过大，造成界面过低。

（4）放水调节阀失灵，造成界面过低。

（5）排污阀未关严。

处理方法：

（1）开大油出口阀门或清通堵塞管线，调控游离水脱除器系统各阀门开启度，保证正常输液。

（2）联系下游岗位，开大油进口阀门。

（3）关小放水阀，恢复界面高度。

（4）适度打开放水连通阀门，关闭放水调节阀前后控制阀门，恢复界面高度。

（5）检查确认关严排污阀。

19. 油罐量油孔盖打不开的原因有哪些？如何处理？

故障原因：

凝油或石蜡粘连、水蒸气冻凝等造成的量油孔盖打不开。

处理方法：

用热水浇烫量油孔盖，进行加热处理，使凝油、石蜡、冻凝的水蒸气融化。

20. 油罐轻微振动并伴有声响的原因有哪些？如何处理？

故障原因：

（1）原油含气量多。

（2）进出液排量过大。

（3）加热盘管发生水击现象或加热盘管损坏，导致伴热水进入油罐。

处理方法：

（1）降低原油含气量。

（2）控制油罐进出液排量，平稳外输。

（3）平稳操作，杜绝水击现象，若加热盘管损坏，则检修加热盘管。

21. 油罐排污阀门不排液的原因有哪些？如何处理？

故障原因：

（1）排污阀门结垢或有杂物堵塞，冬季发生冻结。

（2）排污阀门损坏或闸板脱落。

处理方法：

（1）清除排污阀门垢质和堵塞物，热水浇烫处理冻结点。

（2）维修或更换损坏阀门。

22. 储油罐发生泄漏的原因有哪些？如何处理？

故障原因：

（1）储油罐液位计失灵出现假液位，发生冒罐泄漏事故。

（2）储油罐罐壁腐蚀发生泄漏。

（3）储油罐进出口管线穿孔或法兰垫子刺漏。

（4）岗位员工误操作发现不及时，发生冒罐泄漏。

处理方法：

（1）启动备用泵，加大排量，降低储油罐液位。

（2）组织人员查找原因进行抢修。

（3）加强岗位员工操作水平的提升，加强巡检。

23. 油罐加热盘管不热的原因有哪些？如何处理？

故障原因：

（1）油罐加热盘管冻结。

（2）采暖压力过低。

（3）流程未导通或管线堵塞。

（4）阀门未打开或损坏。

处理方法：

（1）根据冻结情况进行解冻。

（2）升高采暖压力。

（3）检查并导通流程或清通堵塞管线。

（4）检查阀门开启度或检修、更换阀门。

24. 油罐跑油的原因有哪些？如何处理？

故障原因：

（1）阀门或管线冻裂、密封垫片损坏。

（2）误操作导致冒罐跑油。

（3）排污阀门开得过大，排污时间过长。

（4）油罐罐壁由于腐蚀、砂眼等造成渗漏跑油。

（5）油罐液位计失灵出现假液位，发生冒罐跑油事故。

处理方法：

（1）立即倒备用油罐并控制外输量。

（2）更换阀门并维修管线，更换密封垫片，维修油罐渗漏处。

（3）提高安全意识，防止误操作。

（4）立即关闭排污阀。

（5）加强油罐防腐，维修砂眼渗漏部位。

（6）更换液位计，控制油罐内液位。

25. 油罐抽瘪的原因有哪些？如何处理？

故障原因：

机械呼吸阀和液压安全阀冻凝或锈死、阻火器堵死，罐内形成真空，操作人员发现不及时，外输泵还在持续运转。

处理方法：

（1）立即停泵。

（2）检修机械呼吸阀和液压安全阀及阻火器，使其畅通并恢复正常工作，加强巡检。

26. 油罐鼓包的原因有哪些？如何处理？

故障原因：

（1）机械呼吸阀和液压安全阀冻凝或锈死、阻火器堵死。

（2）罐内上部存油冻凝，下部温度过高，使上、下温差过大。

（3）油罐整体冻凝。

处理办法：

（1）检修机械呼吸阀、液压安全阀和阻火器，使其畅通并恢复正常工作。

（2）停止进油。

（3）从上向下加热凝油使其缓慢融化。

27. 脱水器电场波动的原因有哪些？如何处理？

故障原因：

（1）脱水器水位过高。

（2）原油含水突然升高。

（3）脱水器油温过低。

（4）严重乳化原油进入脱水器。

（5）破乳剂加入量不够或破乳剂不配伍。

（6）操作不平稳。

处理方法：

（1）若是脱水器水位过高，立即加大放水量，降低脱水器水位。

（2）若是高含水原油进入脱水器电场，减少脱水器进液量，加大放水量，降低一段来油含水。

（3）若脱水器油温过低，提高加热炉温度。

（4）若是严重乳化原油进入脱水器，需加大破乳剂用量，提高油温，降低脱水器处理量。

（5）若是破乳剂加入量不够，应加大破乳剂用量，使用配伍的破乳剂。

（6）缓开缓关平稳操作。

28. 电脱水器电场破坏的原因有哪些？如何处理？

故障原因：

（1）电脱水器内油水界面过高造成水淹电极。

（2）电脱水器的出口排量突然增加。

（3）高含水原油进入电脱水器内。

（4）从污水沉降罐或污水岗集中回收的老化油或回收的落地油较多。

（5）未加破乳剂或加入量不足，破乳剂与来油不匹配。

处理方法：

（1）关小故障电脱水器出油阀门，根据放水含油情况适当加大放水量，控制油水界面。

（2）适当调整其他电脱水器工作压力及处理量，保证正常生产。

（3）合理控制一段游离水脱除器的界面，保证出油含水低于30%。

（4）针对老化油及落地油的处理。

① 平稳回收污水沉降罐及污水岗的老化油，平稳回收落地油，减小对电场的冲击。

② 适当提高破乳剂用量，适当提高加热炉的温度，使其达到破乳剂所要求的温度。

（5）正常投加破乳剂，调整破乳剂用量，更换相匹配的破乳剂。

29. 电脱水器绝缘棒击穿的原因有哪些？如何处理？

故障原因：

（1）安装绝缘棒时，绝缘棒台阶处有裂痕未发现，绝缘棒质量差。

（2）绝缘棒被高压电击穿，高压绝缘棒表面闪络造成。

（3）绝缘棒表面附着水分。

处理方法：

（1）按操作规程停运电脱水器，更换合格的绝缘棒，重新添加变压器油。

（2）使用材质好的聚四氟乙烯绝缘棒。

（3）加大电脱水器放水，防止水位过高，降低顶部净化油含水。

30. 电脱水器硅板击穿、变压器油变质的原因有哪些？如何处理？

故障原因：

长期大电流运行致使硅板击穿，变压器油变质或变压器油质不合格。

处理方法：

（1）关闭故障电脱水器出油阀门。

（2）适当调整其他运行电脱水器工作压力及处理量，保证正常生产。

（3）关闭故障电脱水器的放水阀门。

（4）切断电源并摘下保险，挂上“禁止合闸”警示牌。

（5）更换硅板及合格的变压器油。

（6）按操作规程投运电脱水器，恢复正常生产。

31. 电脱水器人孔垫子漏油的原因有哪些？如何处理？

故障原因：

（1）人孔垫子损坏。

（2）人孔法兰固定螺栓松动。

处理方法：

（1）关闭电脱水器进、出口阀门。

（2）停运电脱水器，切断电源，挂好禁止合闸警示牌。

（3）打开扫线风压净脱水器内的存油，达到安全条件。

（4）泄压后更换人孔垫子，对称均匀紧固人孔法兰螺栓。

32. “二合一”加热炉汽化的原因有哪些？如何处理？

故障原因：

（1）“二合一”加热炉偏流。

（2）自耗气压力上升较快发现不及时或仪表失灵。

（3）烧火间燃气阀门开得过大。

（4）“二合一”加热炉出口未开或开得过小、出口管线堵塞。

处理方法：

（1）关闭汽化“二合一”加热炉的炉火。

（2）开大汽化加热炉的进出口阀门，加大排量以降低加热炉内的温度，同时调控其他“二合一”加热炉进出口阀门。

（3）调控自耗气压力，使之控制在合理供气压力范围内。

（4）调控烧火间燃气阀门开启度。

（5）“二合一”加热炉出口未开的开大出口或清通出口管线。如果泵内进气，立即停泵，放净泵内及管线内的气体后，重新启泵。

（6）待汽化加热炉炉温降至正常后，按操作规程重新点炉。

33. “二合一”加热炉温度过高的原因有哪些？如何处理？

故障原因：

（1）突然停泵。

（2）“二合一”加热炉的燃气量、燃气压力增大。

（3）“二合一”加热炉温度显示仪表指示失灵。

（4）“二合一”加热炉出口阀门开得过小、出口管线堵塞或出口阀门闸板脱落。

处理方法：

（1）按操作规程启运备用泵并调整排量。

（2）调整“二合一”加热炉燃气量、燃气压力，逐渐降低炉膛温度。

（3）检查更换“二合一”加热炉温度指示仪表。

（4）调整“二合一”加热炉出口阀门的开启度，处理堵塞管线，维修或更换出口阀门。

34. 加热炉出口温度突然上升的原因有哪些？如何处理？

故障原因：

（1）突然停泵或排量突然下降。

（2）进出口阀门闸板脱落。

（3）燃气压力突然上升。

处理方法：

（1）按操作规程启运备用泵并调整排量。

（2）维修或更换进出口阀门。

（3）调整燃气压力，降低炉膛温度。

35. “二合一”加热炉液位过高的原因有哪些？如何处理？

故障原因：

（1）泵发生抽空、汽蚀或突然停泵。

（2）“二合一”加热炉来液量增加、供液压力增大。

（3）“二合一”加热炉出口阀门开得过小或出口管线发生堵塞。

（4）“二合一”加热炉进口阀门开得过大或调节阀失灵。

（5）“二合一”加热炉发生偏流。

处理方法：

（1）根据实际情况启运备用泵并调整排量，检查处理泵的抽空、汽蚀故障。

（2）控制来液量，调控供液压力。

（3）开大“二合一”加热炉出口阀门或处理出口管线堵塞。

（4）关小“二合一”加热炉进口阀门或维修调节阀。

（5）调控发生偏流的“二合一”加热炉进液量、排液量。

36. “二合一”加热炉液位过低的原因有哪些？如何处理？

故障原因：

（1）“二合一”加热炉液位调整不及时。

（2）调节阀失灵。

（3）“二合一”加热炉溢流阀或溢流管线发生冻结或堵塞，造成炉内压力升高，进液困难。

（4）“二合一”加热炉炉体或连接部位有穿孔泄漏。

（5）“二合一”加热炉进口阀门开得过小或管线堵塞，来水过少。

（6）“二合一”加热炉排污阀未关严。

处理方法：

（1）及时调整“二合一”加热炉液位。

（2）适度打开“二合一”加热炉进口直通阀门，关闭调节阀进出口阀门，打开调节阀下部丝堵泄压，放净阀内液体，维修调节阀。

（3）用热水浇烫冻结的溢流阀或溢流管线，处理堵塞，保持溢流管畅通。

（4）紧急停炉并对事故“二合一”加热炉穿孔泄漏部位进行维修。

（5）开大“二合一”加热炉进口阀门或清通进口管线，增加来水量。

（6）检查关严加热炉排污阀。

37. “二合一”加热炉偏流的原因有哪些？如何处理？

故障原因：

（1）“二合一”加热炉调节阀失灵或进口管线不畅通。

（2）“二合一”加热炉溢流管线冻堵。

（3）偏流的“二合一”加热炉出口阀门开得过小或出口管线发生堵塞。

（4）“二合一”加热炉的炉火控制过大造成出口温度过高。

（5）其他运行“二合一”加热炉进出口开得过大。

处理方法：

（1）适度打开“二合一”加热炉进口直通阀门，关闭调节阀进出口阀门，打开调节阀下部丝堵泄压，放净阀内液体，进行维修调节阀或清通进口管线。

（2）用热水浇烫冻结的溢流阀或溢流管线，处理堵塞，保持溢流管畅通。

（3）开大偏流的“二合一”加热炉出口阀门或检查处理堵塞的出口管线。

（4）调整“二合一”加热炉炉火，降低出口温度。

（5）控制其他运行的“二合一”加热炉进出口阀门。

38. “二合一”加热炉溢流阀门冻堵的原因有哪些？如何处理？

故障原因：

（1）由于炉内有挥发的油、水蒸气，冬季易造成溢流阀门结霜冻堵。

（2）溢流阀门未打开或闸板脱落。

处理方法：

（1）用热水浇烫溢流阀门，将溢流阀门和管线进行保温。

（2）打开溢流阀门或维修更换阀门。

39. “二合一”加热炉调节阀法兰垫子刺漏的原因有哪些？如何处理？

故障原因：

（1）法兰螺栓紧偏或有松动。

（2）冬季生产时，多台“二合一”加热炉运行时出现偏流现象，造成加热炉长时间高液位进液量少，导致调节阀法兰垫子冻裂。

（3）法兰垫子质量不好，老化损坏。

处理方法：

（1）打开“二合一”加热炉进口直通阀门。

（2）控制加热炉液位在1/2～2/3之间。

（3）关闭调节阀进出口阀门。

（4）拆卸调节阀下部放空丝堵，放净阀内液体。

（5）拆卸调节阀法兰螺栓，更换质量合格的法兰垫子，对称均匀紧固法兰螺栓。

（6）倒回原流程，恢复正常生产。

40. “二合一”加热炉液位正常，但掺水泵抽不上液的原因有哪些？如何处理？

故障原因：

（1）“二合一”加热炉到掺水泵的进口管线或进口阀门结垢，使管道变细或堵塞。

（2）掺水泵过滤器堵塞。

（3）掺水泵的进口阀门未打开、打开过小或闸板脱落。

处理方法：

（1）对掺水泵进口管线和进口阀门酸洗除垢，处理堵塞。

（2）倒运备用泵，清理堵塞过滤器。

（3）全开掺水泵进口阀门或倒运备用泵，维修更换闸板脱落的阀门。

41. 加热炉自动熄火的原因有哪些？如何处理？

故障原因：

（1）加热炉采用干气自耗时，干气压力低、来气量少，造成加热炉自动熄火。

（2）加热炉采用三相分离器分离的天然气（湿气）自耗

时，湿气质量差，冬季自耗气管线或阀门冻结。

处理方法：

（1）汇报调度，提高干气压力。

（2）提高湿气分离质量，对自耗气管线和阀门进行解堵后，按操作规程点火。

42. 加热炉、采暖炉排烟不畅的原因有哪些？如何处理？

故障原因：

（1）烟箱杂质太多堵塞烟道。

（2）烟道挡板开启过小。

（3）风门开得过小。

处理方法：

（1）关闭燃气阀门。

（2）清理烟箱内杂质。

（3）调整烟道挡板。

（4）适当调整风门。

43. 冬季生产“二合一”加热炉温度升不上来的原因有哪些？如何处理？

故障原因：

（1）供液量过大。

（2）供气压力低。

（3）火嘴堵塞，合风开启过小，燃料没有充分燃烧。

处理方法：

（1）调整供液量，降低加热负荷。

（2）若加热炉采用三相分离器分离的天然气（湿气）自耗时，关小外输气阀门提高供气压力；若加热炉采用干气自耗时，汇报调度，提高干气压力。

（3）清除火嘴堵塞物，调整合风，使燃料充分燃烧。

44. 烧火间突然着火的原因有哪些？如何处理？

故障原因：

（1）自耗气管线进油。

（2）火管破裂，原油流出发生燃烧。

处理方法：

（1）关闭自耗气供气总阀门，关闭加热炉进出口阀门。

（2）如果是气管线进油造成的，火势扑灭后，按安全操作相关规定，打开放空阀门，放净自耗气管线内的油。

（3）如果是火管破裂造成的，火势扑灭后，按安全操作相关规定，对火管破裂部位进行补修。

（4）火势较小时，用灭火器灭火；火势较大时，拨打火警电话 119。

（5）故障处理完毕后，按操作规程重新启运加热炉。

45. 加热炉烟囱冒黑烟的原因有哪些？如何处理？

故障原因：

（1）燃料和空气配比不当，燃料量过多，燃烧不完全。

（2）燃气管线进油。

处理方法：

（1）关小燃料气阀门，调节燃料和空气配比，达到完全燃烧。

（2）停炉，关闭自耗气阀门，打开放空阀门，放净自耗气管线内的油，查找原因进行处理。

46. 真空相变加热炉真空阀动作的原因有哪些？如何处理？

故障原因：

（1）真空相变加热炉未切换流程，盘管内无加热介质流动。

（2）真空相变加热炉的真空阀故障。

处理方法：

（1）停炉检查，正确切换流程，供给加热介质。

（2）维修或更换真空阀。

47. 真空相变加热炉憋压的原因有哪些？如何处理？

故障原因：

（1）真空相变加热炉出口管线堵塞、出口阀门未开或未开到位。

（2）真空相变加热炉盘管内有气阻。

（3）真空相变加热炉盘管内结垢或有异物堵塞。

处理方法：

（1）清通真空相变加热炉出口管线，打开出口阀门，调整出口阀门开启度。

（2）放净真空相变加热炉盘管内气体。

（3）清理真空相变加热炉盘管内的结垢，处理盘管内堵塞的异物。

48. 真空相变加热炉换热效果差的原因有哪些？如何处理？

故障原因：

（1）重新做真空。

（2）盘管内结垢。

（3）烟管内有大量烟灰。

（4）燃料流量过少。

（5）加热炉超负荷运行。

（6）参数设置错误。

处理方法：

（1）排净炉筒内空气。

（2）清通或更换盘管。

（3）停炉清理烟道烟灰。

（4）加大燃料流量，调整进风量。

（5）更换负荷匹配的加热炉或再启运一台备用加热炉。

（6）重新合理设置自控参数。

49. 真空相变加热炉进出口压差大的原因有哪些？如何处理？

故障原因：

（1）进出口阀门未开到位或发生阀板脱落故障。

（2）盘管结垢或内部弯头有堵塞。

处理方法：

（1）检查调整进出口阀门开启度或维修更换阀门。

（2）清通盘管内的结垢或处理内部弯头的管堵。

50. 真空相变加热炉排烟温度高的原因有哪些？如何处理？

故障原因：

（1）烟管内有大量积灰。

（2）燃烧器运行负荷超出加热炉额定负荷。

（3）换热效果差。

处理方法：

（1）停炉、清理烟管内积灰。

（2）检查燃料流量，调整燃烧器运行负荷。

（3）按“换热效果差”故障原因进行分析并处理。

51. 真空相变加热炉液位计失灵的原因有哪些？如何处理？

故障原因：

（1）加热炉内水质不合格。

（2）液位计内部不干净。

（3）液位计磁浮子进水。

（4）液位计进出口阀门未开。

处理方法：

（1）停炉，更换达标水质。

（2）拆开液位计，用水冲洗干净。

（3）更换液位计磁浮子。

（4）打开液位计进出口阀门。

52. 真空相变加热炉燃烧器自动点火失灵的原因有哪些？如何处理？

故障原因：

（1）外界联锁故障，外接温度或压力控制未到达启动下限。

（2）燃烧器内部联锁未通过、气压过高或过低、风压开关没有闭合及风门机构未到位时，均会出现燃烧器自动点火失灵现象。

（3）程控器故障未进行复位。

（4）风机电动机过热保护，未对热继电器进行复位。

（5）控制柜启动按钮失灵或接触不良。

（6）电路故障。

处理方法：

（1）检查温度或压力设定值。

（2）逐步检查气压、风压开关、风门机构是否正常。

（3）重新复位程控器。

（4）重新复位热继电器。

（5）检查控制柜启动按钮是否正常。

（6）检查电路是否正常。

53. “四合一”装置油、水室液位异常的原因有哪些？如何处理？

故障原因：

（1）液位计误差大。

（2）停电造成液位无显示。

（3）来液量突然增加或减少。

（4）油、水室隔板或沉降段隔板腐蚀穿孔，形成连通。

（5）油、水室排污阀门均未关严，形成连通效应。

（6）掺水量突然增大或外输量变化过大。

（7）气出口冻堵。

（8）误操作或操作不平稳。

处理方法：

（1）校验或更换液位计。

（2）查明原因，恢复液位计供电。

（3）关小供液泵出口，降低来液量，或开大外输泵出口，提高处理量，降低油室液位。

（4）按操作规程停运“四合一”装置并进行检修。

（5）检查关闭所有排污阀。

（6）查明原因及时合理调整掺水量、外输量。

（7）排查冻堵原因并处理。

（8）提高安全意识，加强技能学习，平稳操作。

54. “四合一”装置压力突然升高造成的安全阀动作原因有哪些？如何处理？

故障原因：

（1）来液量突然增大，发现不及时，未及时控制外输油及外输水排量。

（2）压力显示仪表失灵。

（3）气出口阀门开得过小或发生冻堵故障。

（4）“四合一”装置调节阀卡阻。

（5）外输油泵或外输水泵故障。

（6）站内突然停电，未及时控制。

（7）误操作造成憋压。

处理方法：

（1）开大外输油泵、外输水泵排量，降低液位，并与相关岗位联系，控制好上游来液量，使压力控制在合理范围内。

（2）查明原因恢复正常压力值或更换校验合格的压力仪表。

（3）调节气出口阀门开启度或开大外输油泵、水泵排量，降低液位，查明冻堵原因并处理故障。

（4）打开调节阀连通阀门，开大外输油泵、水泵排量，降低液位，及时处理四合一装置调节阀卡阻。

（5）及时启运备用外输油泵、外输水泵，提高排量降低液位，及时处理故障机泵。

（6）站内停电时，汇报调度，停止“四合一”装置进液或投用备用“四合一”装置，迅速查明原因，恢复生产。

（7）提高安全意识，加强技能学习，防止误操作。

55.“五合一”装置电脱水段送不上电的原因有哪些？如何处理？

故障原因：

（1）控制柜可控硅烧坏。

（2）控制柜集成电路板烧坏。

（3）脱水变压器内变压器油过脏，不绝缘。

（4）脱水变压器故障。

（5）污水系统回收的老化油集中进入脱水段，致使“五合一”装置脱水段破乳效果不好，有絮状杂物附着在绝缘挂板上，使极板间导电。

（6）加药系统不正常，不加药或破乳剂加入量不够或破乳剂与来液不配伍。

处理方法：

（1）更换控制柜可控硅。

（2）更换控制柜集成电路板。

（3）更换脱水变压器内变压器油，检查并在必要时更换脱水变压器高压引线。

（4）检修脱水变压器。

（5）平稳回收污水系统的老化油，按操作规程停运“五合一”装置并清罐，清除脱水段内绝缘挂板及电极间的杂物。

（6）检查并处理加药系统故障，调整加药量，更换符合要求的破乳剂型号。

56.“五合一”装置油水界面异常形成混层的原因有哪些？如何处理？

故障原因：

（1）由于污水处理后回收的老化油稳定性强，不易破乳。

（2）进入“五合一”装置后在油水界面处形成过渡带，当过渡带累积到一定量后就会占据脱水段的水相空间，当达到脱水段排水出口时，过渡带混液会进入水室堰管内。

（3）过渡带混液密度比水小，起不到压力平衡的作用，净化油无法从收油槽进入油室，造成油室不进油，导致净化油从水出口排出的现象。

处理方法：

（1）将水出口调节控制阀更改为手动控制，并将其关闭，提高水室液位。

（2）当水室液位升至超过脱水段水出口堰管高度时，水室内的水返回到脱水段内，致使混油通过压力平衡进入到油室；将油出口调节阀改为手动控制。

（3）当油出口出油后，应加密取样，当含水超过 0.3% 时，切换至事故流程。

（4）当脱水段内的油水界面达到 1.5m 左右时，将水出口调节阀手动控制打开，使水室内的污水缓慢排出。

（5）“五合一”装置混层处理完毕，当油室正常进油，水室液位正常后，将“五合一”装置全部投运自动控制。

57．“五合一”装置气管线进油的原因有哪些？如何处理？

故障原因：

（1）系统压力控制过低，油无法进入缓冲罐内，导致油室液位快速升高进入气管线内，严重时进入加热炉供气管线内。

（2）油室液位控制过高，油进入气管线内。

（3）油室液位计失灵。

（4）油出口自动调节阀失灵。

（5）自动控制系统失灵。

处理方法：

（1）关闭气平衡控制阀。

（2）按操作规程启动收油泵，对除油器进行收油。

（3）立即查明原因，根据具体原因采取相应的处理措施。

① 系统压力低、油室液位高：应关小气出口，开大油出口阀，降低油室液位。

② 液位计失灵：应开大油出口阀，降低油室液位，维修液位计。

③ 油出口自动调节阀失灵：开大油出口连通阀门，关闭自动调节阀的前后控制阀门，降低油室液位，维修自动调节阀。

（4）如油进入燃气管线内，应立即停炉，对燃气管线放空，清理加热炉供气管线内的油。

（5）自动控制系统失灵，开大油出口连通阀门，降低油室液位，检修自动控制系统。

58. 离心泵产生振动的原因有哪些？如何处理？

故障原因：

（1）联轴器胶垫或胶圈损坏。

（2）电动机与泵不同心。

（3）泵抽空。

（4）基础不牢，地脚螺栓松动。

（5）泵轴弯曲。

（6）轴承间隙大或保持架损坏。

（7）泵转动部分静平衡不好。

（8）泵体内各部件间隙不合适。

处理方法：

（1）检查更换联轴器胶垫或胶圈，紧固销钉。

（2）校正电动机与泵同心度。

（3）紧急停泵，放净泵内及管线内的气体后，重新启泵，提高储罐液位。

（4）加固基础，紧固地脚螺栓。

（5）校正泵轴。

（6）更换符合要求的轴承。

（7）拆泵重新校正转动部分的静平衡。

（8）调整泵内各部件的间隙，使之符合技术要求。

59. 离心泵汽蚀的原因有哪些？如何处理？

故障原因：

（1）大罐液位过低，泵安装高度过高，使泵吸入压力低。

（2）离心泵进口管线、过滤器、首级叶轮进口有堵塞物，造成吸入液体阻力增大。

（3）离心泵进口密封填料漏气、进口阀门法兰连接处不严，泵在工作中吸入气体。

（4）输送液体温度过高，液体饱和蒸气压增加，在小流量时容易发生汽化。

（5）离心泵出口排量控制过小，使泵内液体温度过高，而产生汽化。

处理方法：

（1）及时提高大罐液位，降低离心泵的安装高度。

（2）倒运备用泵恢复生产，检查清理汽蚀泵进口管线、过滤器、首级叶轮内杂物。

（3）调节泵进口密封填料漏失量在 10～30 滴/min；检查进口阀门法兰连接处，处理漏气现象。

（4）控制加热炉温度，以降低液体的饱和蒸气压，尽量减少小流量操作，防止汽化。

（5）检查大罐进口阀门，加大进液量，检查大罐出口阀门，加大出水量；放净汽化离心泵内气体，按操作规程启泵，调节离心泵出口排量，降低泵内液体温度。

60. 离心泵在运行时抽空的原因有哪些？如何处理？

故障原因：

（1）大罐内液位过低，供液量不足。

（2）离心泵进口管线、过滤器堵塞。

（3）流程未导通，离心泵进口阀门未开或闸板脱落。

（4）离心泵首级叶轮堵塞。

（5）离心泵进口密封填料漏气严重。

（6）油温过低，吸入阻力过大。

（7）离心泵内有气未放净。

处理方法：

（1）立即停泵，检查大罐液位，提高大罐液位高度。

（2）倒运备用泵，检查清理抽空泵进口管线和过滤器。

（3）启泵前全面检查流程，打开离心泵进口阀门或维修更换进口阀门。

（4）倒运备用泵恢复生产，清除抽空泵首级叶轮进口处堵塞物。

（5）调整密封填料压盖松紧度，使密封填料漏失量在规定范围内。

（6）提高来油温度，减少吸入阻力。

（7）启泵前依次在过滤器处、泵出口处放净泵内气体。

61. 造成离心泵泵压突然上升的原因有哪些？如何处理？

故障原因：

（1）离心泵出口阀门闸板脱落。

（2）离心泵单流阀故障。

（3）离心泵出口管线堵塞。

（4）流量计过滤器堵塞或流量计卡阻。

处理方法：

（1）倒运备用泵恢复生产，维修或更换泵故障阀门。

（2）倒运备用泵恢复生产，维修或更换泵故障单流阀。

（3）停泵，对泵出口管线进行解堵。

（4）打开流量计连通阀门，关闭流量计进出口控制阀门，清理过滤器或维修流量计。

62. 造成离心泵泵压突然下降的原因有哪些？如何处理？

故障原因：

（1）离心泵进口阀门闸板脱落。

（2）离心泵进口过滤器堵塞。

（3）离心泵大罐液位低或进口管线穿孔造成进液量过少。

（4）离心泵发生汽蚀或抽空。

（5）离心泵出口管线穿孔。

（6）电动机故障，短路或缺相。

（7）压力表、引压阀门堵塞或损坏，压力值显示不准确。

处理方法：

（1）倒运备用泵，维修或更换故障泵进口阀门。

（2）倒运备用泵，检查清理故障泵进口过滤器。

（3）提升储罐液位，倒运备用泵，增加进液量，维修穿孔。

（4）倒运备用泵，排净故障泵内气体，提高泵前容器液位，排除汽蚀。

（5）停泵，关闭穿孔管线两侧控制阀门，进行管线堵漏。

（6）倒运备用泵，由专业电工检查故障泵线路并处理。

（7）更换或清理压力表、引压阀门。

63. 离心泵运行中声音异常的原因有哪些？如何处理？

故障原因：

（1）离心泵抽空或过滤器堵塞。

（2）轴承间隙大或损坏。

（3）电动机与泵不同心，引起转子振动而产生异常声音。

（4）泵轴弯曲。

（5）泵基础不牢，地脚螺栓松动。

处理方法：

（1）倒运备用泵，打开故障泵放空阀门，放净泵内气体或清理过滤器。

（2）倒运备用泵，故障泵更换合格轴承。

（3）倒运备用泵，校对使故障泵机组同心度在规定范围内。

（4）倒运备用泵，更换故障泵泵轴。

（5）加固泵基础，紧固地脚螺栓。

64. 造成外输泵压力表指针波动的原因有哪些？如何处理？

故障原因：

（1）管路压力波动大。

（2）外输泵产生汽蚀。

（3）机泵振动大。

（4）压力表齿轮、游丝损坏。

处理方法：

（1）调整控制外输泵排量平稳运行。

（2）启运备用泵，停泵故障泵降温，放净泵内气体。

（3）查找振动原因，排除振动。

（4）更换合格压力表。

65. 离心泵不能启动的原因有哪些？如何处理？

故障原因：

（1）离心泵机组电路故障：启泵时电动机电路未接通或电压过低、缺相，造成离心泵启泵时无反应或电动机自启保护不能启动。

（2）离心泵或电动机的转子与定子部件装配质量不合格而发生严重摩擦；泵轴刚性太差，弯曲造成轴上的转子与定子严重摩擦，盘泵严重卡阻转不动而不能启泵。

（3）离心泵或电动机的轴承损坏摩擦严重，而不能启泵。

（4）长期停运的离心泵机组转子部件严重锈蚀，无法正常盘泵。

（5）电动机与泵偏心严重，导致机泵启动时偏磨严重转不动。

（6）密封填料加得过多或压得太紧、压盖压太偏造成启泵时转不动。

处理方法：

（1）检查电压三相平衡并与供电所联系、调整电压；检修电动机电路，排除电路故障。

（2）调整泵或电动机转子部件装配间隙，检修、更换泵轴等不合格零部件，消除摩擦。

（3）更换泵或电动机轴承，正确装配。

（4）解体维修并清理机泵各转子部件严重锈蚀部位。

（5）按技术要求调整泵机组同心度。

（6）调整机泵密封填料压盖，使其紧度适中。

66. 离心泵启泵后不吸液，出口压力表和进口压力（真空）表的指针剧烈波动的原因有哪些？如何处理？

故障原因：

（1）供液大罐液位低，泵吸入口供液不足，造成离心泵抽空。

（2）启泵前离心泵内有气体未排净。

（3）离心泵真空表接头漏气，密封填料松，轴套与轴配合处进气导致吸水流程有空气进入。

（4）负压灌泵未灌满，空气未排出导致离心泵吸入能力不足。

处理方法：

（1）提高大罐的液位，增大离心泵的供液量，避免泵吸入口供液不足造成离心泵抽空。

（2）启泵前排净泵内气体。

（3）排除真空表接头漏气故障，调整填料密封松紧度，检查各配合处密封状况，保证吸入流程各部分密封；防止机泵运行时吸水流程有空气进入。

（4）负压灌泵时要灌满进口管线以保证泵吸入能力。

67. 离心泵流量不足的原因有哪些？如何处理？

故障原因：

（1）分析离心泵进口端。

① 正压供液大罐液位低或因冬季运行时常压容器顶部呼吸阀冻凝，泵抽吸量大，短暂形成负压出水量降低。

② 离心泵进口流程未全部倒通，罐出口阀门、泵进口阀门开度较小，造成离心泵供液较少。

③ 供液大罐出口管线、离心泵进口管线、进口阀门结垢堵塞。

（2）分析离心泵本体。

① 叶轮堵塞或叶轮、导翼损坏。

② 叶轮止口与密封环、挡套与衬磨套磨损严重，间隙过大。

（3）分析离心泵出口端。

① 外网压力高，液体排不出去。

② 流量计计量不准。

③ 电动机转数不够或泵转数过高。

处理方法：

（1）离心泵进口端处理方法。

① 提高大罐液位；打开常压容器紧急放空阀，恢复常压及正常出水量，解冻呼吸阀，控制泵排量。

② 检查进口流程，正确切换流程，全开大罐出口阀门、泵进口阀门。

③ 清除供液容器出口管线、离心泵进口管线、进口阀门，清除油垢堵塞物。

（2）离心泵本体处理方法。

① 检查清理叶轮堵塞物，更换合格叶轮及导翼。

② 大修或更换磨损的叶轮、密封环、挡套、衬磨套，重新调整配合间隙，保证安装质量。

（3）离心泵出口端处理方法。

① 联系下游站库，调整外网管线压力，降低系统回压。

② 校对流量计达到标准。

③ 检查电动机变频运转情况，调节变频电动机转数在合理范围；工频运转电动机停机检查供电电压、供电线路、绝缘等情况。

68. 离心泵联轴器弹性垫圈严重磨损的原因有哪些？如何处理？

故障原因：

（1）电动机轴与泵轴不同心。

（2）联轴器弹性垫圈材质差老化磨损。

（3）联轴器损坏导致弹性垫圈磨损。

（4）联轴器间隙小，离心泵工作窜量不符合标准要求。

处理方法：

（1）检测和调整离心泵机组同心度，使之达到标准要求。

（2）更换合格的联轴器弹性垫圈。

（3）检修更换联轴器，更换合格的联轴器弹性垫圈。

（4）调整联轴器间隙，调整离心泵工作窜量，使之达到标准要求。

69. 多级离心泵平衡盘磨损过快的原因有哪些？如何处理？

故障原因：

（1）平衡管堵塞，平衡盘产生不了平衡力。

（2）平衡环间隙大，或平衡鼓和平衡套及轴套磨损导致间隙过大，压力外泄，不能产生有效平衡力。

（3）平衡盘形状公差大，制造质量差，启泵容易抱死；安装垂直度不好，间隙不均匀。

（4）泵输送介质内杂质太多造成平衡盘磨损。

（5）由于频繁启停泵，启停瞬间导致平衡盘磨损。

处理方法：

（1）检查清理平衡管及孔道，保证畅通。

（2）检查调整平衡盘间隙或采取切削平衡盘脖颈或在脖颈处添加合格垫片方法调整间隙大小，更换磨损的平衡鼓和平衡套及轴套。

（3）更换合格平衡盘，调整平衡盘垂直度，保证平衡盘安装质量。

（4）减少进泵介质的杂质，及时清理泵前过滤器，减轻平衡盘的磨损。

（5）规范操作，避免频繁启停离心泵。

70. 离心泵机械密封轴向泄漏严重的原因有哪些？如何处理？

故障原因：

（1）密封圈与轴配合太松或太紧。

（2）密封材料太软、太硬或耐腐蚀、耐高温性能不好，发生变形、老化、破裂黏结。

（3）安装时密封圈卷边、扭劲、压偏斜。

（4）轴套胶圈因损坏和压偏，致使轴与轴套之间泄漏。

处理方法：

（1）选择合适尺寸的密封圈，重新调整密封圈与轴的配合间隙，使其合适。

（2）更换材质优良的密封圈材料，更换新件或改变密封结构。

（3）安装的密封圈与轴过盈量选择要适当，安装密封圈的质量要达标。

（4）更换胶圈或加垫调正。

71. 离心泵机械密封出现突然性漏失的原因有哪些？如何处理？

故障原因：

（1）由于离心泵严重抽空，破坏机械密封的性能。

（2）弹簧被反转扭断，防转销子被切坏或顶住。

（3）动环、静环断裂或密封圈破损。

（4）固定螺栓松动，破坏机械密封的正常工作位置及状态，造成移动或偏斜。

处理方法：

（1）停泵放空见液后，重新启动泵，严禁抽空现象发生。

（2）修理或更换弹簧和防转销子，损坏严重时更换新的机械密封。

（3）更换新的机械密封配件。

（4）重新测定正确的工作位置后，固定牢靠，检查密封圈完好，保证安装质量。

72. 离心泵轴承发热和轴承磨损原因有哪些？如何处理？

故障原因：

（1）离心泵在排量极小时运转。

（2）泵轴与电动机轴线不同心或轴弯曲度超过规定标准。

（3）泵转子不平衡引起振动。

（4）轴承盒内润滑油（脂）过多、过少或太脏。

（5）轴承或密封环磨损过多，形成转子偏心。

（6）轴承与轴配合不达标或端面压偏。

（7）轴承磨损严重，沙架损坏。

（8）油环带油润滑不良。

处理方法：

（1）调节泵出口阀门开启度，使泵在最佳工况区内运行。

（2）测量并调整离心泵机组同心度达标，校直或更换泵轴。

（3）检查并调整泵转子的动、静平衡。

（4）按规定添加润滑油（脂）量、更换新润滑油（脂）。

（5）检修或更换轴承，检查调整叶轮止口与密封环配合间隙。

（6）调整轴承与轴的配合间隙，对称均匀紧固轴承压盖螺栓。

（7）更换新轴承。

（8）检查油环是否椭圆或加适量的油。

73. 往复泵柱塞填料函处液体渗漏严重的原因有哪些？如何处理？

故障原因：

（1）柱塞填料函体调节螺母松动或压盖没压紧、压偏。

（2）密封填料磨损严重或加入量不够，材质不合格。

（3）有污物、沙子等固体颗粒进入填料函。

（4）往复泵柱塞腐蚀或损伤。

处理方法：

（1）调节柱塞填料函体螺母的压紧量，调整压盖压入平行度。

（2）更换材质合格的密封填料，加入量要符合要求。

（3）消除泵体内及管道污物或砂粒。

（4）更换往复泵柱塞。

74. 往复泵动力不足的原因有哪些？如何处理？

故障原因：

（1）电源电压低或缺相运行。

（2）电动机故障，性能下降。

（3）传动皮带松弛。

处理方法：

（1）检查电源电压，联系供电所，排除电源电压故障或切换电源。

（2）维修或更换电动机。

（3）调节皮带松紧度，使皮带松紧适当，更换合格的皮带。

75. 往复泵启动后不吸液的原因有哪些？如何处理？

故障原因：

（1）往复泵吸入管堵塞。

（2）往复泵吸入管或填料筒漏气。

（3）往复泵液力缸的进液阀卡住，柱塞与泵缸间隙过大。

（4）往复泵连通阀门未关闭。

处理方法：

（1）检查、清理吸入管路的堵塞物。

（2）检查修理吸入管路，更换填料。

（3）拆卸检修或更换进液阀。

（4）关闭连通阀门。

76. 螺杆泵不吸油的原因有哪些？如何处理？

故障原因：

（1）螺杆泵吸入管路堵塞或漏气。

（2）螺杆泵吸入高度超过允许吸入真空高度。

（3）电动机反转。

（4）螺杆泵输送介质黏度过大。

（5）螺杆泵衬套损坏与转子间隙过大。

处理方法：

（1）清除吸入管路堵塞物，查找漏气处并检修吸入管路。

（2）降低螺杆泵的吸入高度。

（3）检查线路，调整电动机旋转方向。

（4）将输送介质加温，降低黏度。

（5）维修或更换螺杆泵衬套，达到与转子配合间隙。

77. 螺杆泵压力表指针波动大的原因有哪些？如何处理？

故障原因：

（1）螺杆泵吸入管路漏气。

（2）螺杆泵安全阀定压不合理或工作压力过大，使安全阀时开时闭。

（3）螺杆泵压力表损坏。

处理方法：

（1）查找漏气处并检修吸入管路。

（2）调整安全阀定压或降低工作压力。

（3）更换压力表。

78. 螺杆泵流量下降的原因有哪些？如何处理？

故障原因：

（1）螺杆泵吸入管路堵塞或漏气。

（2）螺杆泵螺杆（转子）与泵套（定子）磨损间隙过大。

（3）螺杆泵安全阀弹簧太松或阀瓣与阀座接触不严。

（4）电动机转速不够。

（5）吸液池液位低于螺杆泵吸入口，不能满足螺杆泵吸入量。

（6）螺杆泵输送介质黏度过高。

处理方法：

（1）清除吸入管路堵塞物，查找漏气处并检修吸入管路。

（2）泵件磨损严重时，应及时更换。

（3）调整弹簧，使其松紧适当；研磨阀瓣与阀座，达到闭合完好。

（4）修理或更换电动机。

（5）提高吸液池液位。

（6）提高输送介质温度，降低输送介质黏度。

79. 螺杆泵振动大、有噪声的原因有哪些？如何处理？

故障原因：

（1）基础不牢或泵与电动机不同心。

（2）螺杆与泵套不同心或间隙大。

（3）螺杆泵进口管线吸入空气或输送液体中混有大量气体，泵内有气。

（4）螺杆泵吸入管线有堵塞。

（5）螺杆泵内定子某一部分损坏。

（6）泵进口过滤器滤网堵塞，供液不足。

处理方法：

（1）检查紧固泵基础，调整泵与电动机的同心度。

（2）检修螺杆与泵套，使螺杆与泵套同心，并将螺杆与泵套间隙调整在合理范围内。

（3）检修吸入管路，排除漏气部位；降低气压。

（4）疏通吸入管线。

（5）检修或更换螺杆泵定子。

（6）停泵检查，清理过滤器滤网。

80. 齿轮泵不排液的原因有哪些？如何处理？

故障原因：

（1）电动机旋转方向错误。

（2）齿轮泵安装高度过高。

（3）输送液体温度低使得黏度增大。

（4）齿轮泵进口管道漏气或泵中有空气。

（5）齿轮泵进口供液不足。

（6）齿轮泵内部配件磨损严重或配合间隙过大。

（7）齿轮泵出口阀门未开或闸板脱落，出口管线堵塞。

（8）齿轮泵启泵前未灌泵导致不吸液，没有液体排出。

处理方法：

（1）检查电动机转向，联系专业人员调整电动机相序。

（2）增加液位或降低泵的安装高度。

（3）提高输送温度，降低液体黏度。

（4）检查各连接处并紧固，排除泵内空气。

（5）补充齿轮泵进口供液量。

（6）更换配件，调整配合间隙。

（7）打开齿轮泵出口阀门或更换阀门，清通出口管线。

（8）齿轮泵启泵前灌泵。

81. 齿轮泵不吸油的原因有哪些？如何处理？

故障原因：

（1）齿轮泵启泵前未灌泵。

（2）齿轮泵吸入管路不严漏气。

（3）齿轮泵吸入液位太低。

（4）电动机旋转方向错误。

处理方法：

（1）启泵前灌泵。

（2）检查各连接处并紧固，排除泵内空气。

（3）提高齿轮泵吸入液位高度。

（4）检查电动机转向，联系专业人员调整电动机相序。

82. 电动机产生振动的原因有哪些？如何处理？

故障原因：

（1）电动机与泵不同心。

（2）电动机过载运行。

（3）机组基础不牢。

（4）电动机转子、定子相碰（扫膛）。

（5）电动机轴承损坏，轴弯曲。

处理方法：

（1）调整电动机与泵的同心度。

（2）查找并排除电动机过载原因。

（3）紧固地脚螺栓。

（4）查找并排除故障，由专业人员维修或更换损坏的电动机部件。

（5）更换电动机轴承，更换电动机轴。

83. 电动机运行中声音异常的原因有哪些？如何处理？

故障原因：

（1）电动机定子、转子铁芯摩擦。

（2）电动机轴承缺润滑油，轴承间隙大或损坏。

（3）电源电压过高或缺相运行。

（4）电动机基础底座固定不牢，地脚螺栓松动。

处理方法：

（1）检查维修或更换电动机损坏的定子和转子。

（2）电动机轴承添加润滑油，更换轴承。

（3）专业人员检查维修电路。

（4）加固电动机基础，紧固地脚螺栓。

84. 电动机温度过高的原因有哪些？如何处理？

故障原因：

（1）电动机过载或机械传动受阻，缺相运行。

（2）环境温度高，通风不畅。

（3）电动机定子、转子铁芯摩擦；电动机风扇损坏。

（4）电动机轴承润滑不良（润滑油过多、过少或有杂物）。

（5）电动机轴承安装质量不合格。

处理方法：

（1）停机，由专业电工检查线路和机械传动受阻原因，并采取相应维修措施。

（2）加强周围环境通风，电动机除尘处理。

（3）由专业人员检查更换电动机损坏的定子或转子，以及损坏的风扇。

（4）电动机轴承加润滑油，更换不合格的润滑油。

（5）提高安装电动机轴承的质量。

85. 电动机不能启动且没有任何声响的原因有哪些？如何处理？

故障原因：

（1）电源未供电。

（2）熔断丝熔断两相以上。

（3）电源线有两相或三相断线或接触不良。

（4）开关或启动设备有两相以上接触不良。

（5）主电路或控制电路断路或短路。

处理方法：

（1）检查电源，合闸供电。

（2）更换熔断丝。

（3）查找故障处，修复断线。

（4）查找接触不良处，予以修复。

（5）检查排除主电路和控制电路的故障，请专业人员进行维修。

86. 电动机缺相运行的原因有哪些？如何处理？

故障原因：

（1）高压电源来电缺相。

（2）变压器电路损坏。

（3）空气开关或刀闸损坏。

（4）电动机定子绝缘损坏。

处理方法：

（1）汇报调度联系变电所处理高压电源缺相故障。

（2）汇报调度请专业人员维修或更换变压器。

（3）更换空气开关或刀闸。

（4）更换电动机定子线圈，重新浸漆做绝缘。

87. 造成外输油流量计压力突然下降的原因有哪些？如何处理？

故障原因：

（1）外输泵突然停止运转。

（2）外输泵进出口连通阀门未关严。

（3）外输泵汽蚀或抽空。

（4）外输管线穿孔。

（5）下游单位切换流程，导致系统压力降低。

处理方法：

（1）查找停泵原因，启动外输泵或备用泵。

（2）关闭进出口连通阀门。

（3）停泵，放净泵内气体排除汽蚀，检查大罐液位。

（4）查找修复管线穿孔处。

（5）联系下游单位，恢复正常系统压力，平稳运行。

88. 外输油腰轮流量计卡阻的原因有哪些？如何处理？

故障原因：

（1）流量计过滤器滤网损坏，有杂质进入腰轮。

（2）腰轮损坏。

（3）腰轮计量腔室结垢。

处理方法：

（1）定期检查维护过滤器和腰轮，清理杂质及垢质，更换损坏的滤网。

（2）发现腰轮流量计卡阻后，应及时倒运备用流量计或打开连通阀门，及时向主管人员汇报，联系专人进行维修。

89. 外输油流量计进出口压差过大的原因有哪些？如何处理？

故障原因：

（1）压力表故障。

（2）流量计进口管线严重堵塞。

（3）流量计进口过滤器严重堵塞。

（4）流量计卡阻。

（5）流量计进口阀门开度过小或阀门闸板脱落。

处理方法：

（1）更换压力表。

（2）检查清理进口管线的堵塞物。

（3）检查清理过滤器的堵塞物。

（4）检查维修流量计，解除卡阻。

（5）开大进口阀门，维修或更换进口阀门。

90. 转油站外输油压力突然上升的原因有哪些？如何处理？

故障原因：

（1）下游站库误操作，将流程倒错或外输阀门闸板脱落。

（2）外输油流量计卡死或过滤器有杂物堵塞。

（3）外输油温度低，外输管线阻力增大。

处理方法：

（1）联系下游站库，查明原因及时采取措施进行处理。

（2）检查维修流量计及过滤器，清理过滤器内的堵塞物。

（3）提高外输油温度，减少外输管线阻力。

91. 转油站外输油压力突然下降的原因有哪些？如何处理？

故障原因：

（1）外输泵突然发生故障造成泵压低，外输油压力突然下降。

（2）站内阀门、法兰垫片损坏跑油或管线断裂、腐蚀穿孔造成跑油。

（3）外输油管线穿孔跑油。

处理方法：

（1）倒运备用泵保证生产，查找外输泵故障原因，排除故障。

（2）立即汇报上级部门，切换流程保证生产后切断跑油部位的流程，组织抢修，更换损坏的设备，清理残油。

（3）立即汇报上级部门，组织人员进行巡线，如发现管线漏失大，应立即停输，采取有效措施，避免事故扩大。

92. 加药泵不打液的原因有哪些？如何处理？

故障原因：

（1）加药泵进口过滤器与进口管线堵塞。

（2）加药泵进出口阀门堵塞或损坏。

（3）加药泵单向阀卡阻。

（4）加药泵膜片破损。

（5）冬季生产时加药管线冻结。

处理方法：

（1）检查清理进口过滤器及进口管线的堵塞物。

（2）检查清理进出口阀门的堵塞物或更换损坏的阀门。

（3）检查清洗单向阀，解除卡阻。

（4）检查更换加药泵膜片。

（5）用热水浇烫加药管线冻结部位。

93. 阀门关不严、打不开及阀门渗漏的原因有哪些？如何处理？

故障原因：

（1）阀杆与阀瓣接触不严密造成阀门关不严。

（2）阀杆与阀杆螺母之间有杂物或锈蚀，或是阀杆与阀瓣脱离，密封填料压得过紧造成阀门打不开。

（3）密封填料压盖松脱，密封填料太少，密封填料磨损造成阀门密封填料渗漏。

（4）法兰螺栓松动，法兰螺栓松紧不一致，法兰垫片损坏或法兰间有脏物造成阀体与阀盖法兰渗漏。

处理方法：

（1）解体阀门，检修阀杆与阀瓣或更换新阀门。

（2）阀杆与阀杆螺母进行润滑，清除杂物，调整密封填料压盖松紧度使阀门开关灵活；如果阀杆与阀瓣脱离，应进行解体检查。

（3）调节密封填料压盖松紧度，补加或更换密封填料。

（4）对称均匀紧固法兰螺栓，更换法兰垫片或清除法兰间脏物。

94. 输油岗泵房发生油气泄漏，岗位员工该如何处理？

（1）岗位员工应立即汇报值班干部，在配电室内迅速切断泵房内所有电源。

（2）打开净化油事故罐进口阀门。

（3）关闭净化油缓冲罐油进口阀门、出口阀门、气出口阀门。

（4）关闭流量计间外输油进出口阀门。

（5）打开油泵房门窗通风。

（6）立即组织人员进入事故现场，处理泄漏，清理跑油。

（7）事故处理完毕，切换回正常生产流程。

95. 转油站在双侧电源同时运行时，突然发生单侧电源停电，岗位员工该如何处理？

（1）发现单侧电源停电后，岗位员工应立即汇报值班干部。

（2）关闭停电侧已停运行泵的出口、进口阀门。

（3）卸掉停电侧配电盘负荷，分离停电侧配电盘变压器电源后，挂停运牌。

（4）合上母联，连接母联电源后，按下合闸按钮，亮灯后合母联操作完毕，挂母联运行牌。

（5）检查三相电压平衡后，合上停电侧需运行设备的电源负荷。

（6）按照操作规程将停电侧需运行的泵启动，恢复生产。

（7）汇报干部和相关人员，由专业人员进行处理并做好记录。

96. 转油站在双侧电源同时运行时，突然发生双侧电源停电，岗位员工该如何处理？

（1）发现双侧电源停电后，岗位员工应立即汇报值班干部，汇报调度确认双侧停电，等待切换混输流程指令，同时观察控制站内生产动态。

（2）关闭所有已停泵的出口、进口阀门。

（3）卸掉停电配电盘负荷，分离停电配电盘变压器电源后，挂停运牌。

（4）关闭二合一加热炉火嘴供气阀门（自动点火火嘴停电后会自动关闭）。

（5）随时观察二合一加热炉及分离器液位上升情况；根据二合一液位实际情况可关闭分离器沉降水阀门或各二合一进口阀门或投运备用分离器（转油放水站可开大放水阀门，要保证沉降罐处于安全运行高度）；如长时间停电也未接到切换混输流程指令，可根据情况组织停井，减少进站液量；如分离器液位上升较快，请示批准后排放分离器底水；随时做好切换混输流程前准备。

（6）接到调度指令后，立即开始切换混输流程。

（7）打开外输油泵进出口连通阀门。

（8）打开外输流量计进出口连通阀门，降低外输管线阻力。

（9）打开混输阀门（分离器进出口连通阀门），导通混输流程。

（10）混输流程导通后，关闭分离器进口阀门，关闭分离器出口阀门。

（11）观察计量间回油压力，若压力变化大及时汇报处理：①若观察发现回油压力升高憋压，应检查混输流程是否导通，检查各阀门是否正常，并与下游联合站沟通流程是否导通，各阀门是否正常。②若观察发现回油压力特别低，应检查各计量间回油汇管或未停电的单井回油干线是否有穿孔现象。

（12）汇报值班干部并做好记录，等待来电后恢复生产。

附录1 风险点源识别

集输岗风险识别及控制措施表

序号	场所	操作内容描述	危害因素描述	可能产生的后果	控制措施
1	泵房	离心泵操作	（1）启泵前未与相关岗位联系，未及时通知各岗位； （2）未检查流程、液位，未导通流程； （3）未检查各部位螺栓松紧度	火灾爆炸； 中毒窒息； 机械伤害； 触电事故； 管线憋压； 抽空冒罐	离心泵启动操作卡检查和准备；严格执行设备操作规程。启泵前与相关岗位联系，及时通知各岗位
			（1）泵的连接部位松动； （2）联轴器护罩松动，旋转部位裸露	物体打击； 机械伤害	（1）加强设备设施的隐患排查，做到按时保养； （2）对缺失或不合格的防护装置修复或更换
			开关阀门时组件飞出	机械伤害	侧身缓慢开关阀门

续表

序号	场所	操作内容描述	危害因素描述	可能产生的后果	控制措施
1	泵房	离心泵操作	操作现场未挂标识牌、机泵故障维修区域未挂警示牌、未拉警戒带	中毒窒息；触电事故；机械伤害	操作现场、机泵故障维修区域按要求悬挂标识牌或警示牌，并在故障区域拉好警戒带
			(1)电动机无接地线或漏电保护器故障，机组外壳漏电；(2)电气电缆或操作按钮绝缘老化，带电金属外漏；(3)送电、断电操作，未戴绝缘手套	触电事故	(1)定期检查接地线发现漏电隐患及时处理；(2)定期检查，发现线路或按钮绝缘老化、损坏等及时处理；(3)严格执行电气设备操作规程，正确穿戴绝缘防护用品
		机泵巡检操作	(1)联轴器防护罩未覆盖全部旋转部位或护罩松动，导致旋转部位裸露；(2)设备运转时有零部件飞出	物体打击；机械伤害	(1)规范执行启动设备操作，定期保养设备，排除设备故障；(2)定期开展设备检查保养维护工作
			(1)机泵、阀门等部位油气泄漏	火灾爆炸；中毒窒息	(1)定期对机泵进行维护保养，及时检修消除设备故障。严格执行巡检制度

续表

<table>
<tr><th>序号</th><th>场所</th><th>操作内容描述</th><th>危害因素描述</th><th>可能产生的后果</th><th>控制措施</th></tr>
<tr><td rowspan="5">1</td><td rowspan="5">泵房</td><td rowspan="5">机泵巡检操作</td><td>（2）机、泵温度过高引燃易燃物质；
（3）电动机实际工作电流超过额定电流，超负荷运行，过载烧电动机</td><td>火灾爆炸；
中毒窒息</td><td>（2）发现事故隐患及时启动应急处置措施，消除事故隐患；
（3）按生产要求合理控制机泵运行，定期保养设备，排除设备隐患</td></tr>
<tr><td>显示仪表失灵，参数出现异常</td><td>设备损坏</td><td>按时检查并定期检定显示仪表，发现问题及时处理</td></tr>
<tr><td>仪器仪表连接处泄漏油气</td><td>中毒窒息；
火灾爆炸</td><td>加强巡回检查，发现渗漏及时处理</td></tr>
<tr><td>（1）机泵设备泄漏易燃易爆介质浓度达到爆炸极限；
（2）运行机泵润滑油脂泄漏，造成环境污染</td><td>中毒窒息；
火灾爆炸；
环境污染</td><td>（1）禁止使用明火，定期对机泵进行维护保养，及时检修消除设备故障；
（2）定期对机泵进行维护保养，及时检修消除设备故障</td></tr>
<tr><td>电动机漏电保护故障，机组外壳漏电</td><td>触电事故</td><td>电工定期检查发现隐患及时处理</td></tr>
</table>

续表

序号	场所	操作内容描述	危害因素描述	可能产生的后果	控制措施
2	加热炉区	加热炉巡检操作	（1）燃料管线泄漏； （2）炉管烧穿，可燃介质溢出炉膛； （3）燃烧室可燃气体发生泄漏； （4）燃烧器、火管连接处密封不严，有过热现象； （5）燃料不完全燃烧； （6）防爆门失效； （7）加热炉防雷设施失效	环境污染；火灾爆炸	（1）加强燃气管线防腐工作，定期检查密封连接部位； （2）控制好炉温，加强火管日常检查维护基础工作； （3）对易泄漏点安装报警检测装置，定期检查与维护； （4）定期检查燃烧器与火管的连接法兰部位； （5）定期清理烟箱，调整进风量，保证完全燃烧； （6）定期检查与维护防爆门； （7）定期检验，保证接地电阻值达标、接地体或引下线完好，截面面积合格、断接卡子接触良好，搭接面积合格；定期监测防雷接地电阻

续表

序号	场所	操作内容描述	危害因素描述	可能产生的后果	控制措施
2	加热炉区	加热炉巡检操作	溢流管线堵塞，安全阀失效，导致冒罐	环境污染；火灾爆炸	定期检查溢流管线是否畅通，安全阀定期校验
			烟囱顶部腐蚀、绷绳损坏或布置不合理	物体打击	定期检查烟囱腐蚀情况，确保达标；定期检查绷绳；合理布置绷绳拉强角度，专业人员确认
			防火道有杂草	火灾爆炸	规范清理防火道
			容易发生危险的部位无安全警示标志	人身伤害	疏散安全通道、巡检通道等重点部位，安装符合要求的安全警示标志
			设备接地不达标	触电事故	定期检验接地电阻，确保接地装置达标
			（1）梯子底部未采取防滑措施； （2）大罐梯台有积雪或油污	高空坠落	（1）梯子底部应坚实牢固，采取防滑措施，不允许垫高使用，登高现场有人监护； （2）上罐前及时清理大罐梯台积雪或油污，上罐时手扶扶梯，正确佩戴安全带

续表

序号	场所	操作内容描述	危害因素描述	可能产生的后果	控制措施
2	加热炉区	加热炉巡检操作	（3）高处作业没有防护或护栏损坏； （4）高处作业立足点面积不够	高空坠落	（3）高处作业部位按相关规定搭设安全可靠的工作平台及防护栏等安全设施； （4）防护跳板铺设要符合规定
			（1） 温度显示仪表失灵，温度参数出现异常，没有及时发现导致汽化； （2）液位计失灵，不能正常显示液位，导致冒罐或抽空； （3）压力显示仪表失灵，压力参数出现异常，没有及时发现，导致冒罐或抽空	环境污染；设备损坏	（1） 按时检查并定期检定温度显示仪表，发现问题及时处理； （2） 按时检查并定期检定液位计，发现问题及时处理； （3） 按时检查并定期检定压力显示仪表，发现问题及时处理
			（1） 环保池液位过高，溢出环保池； （2）烟管、火管腐蚀，导致泄漏	环境污染	（1）平稳控制液位，防止发生外溢事故，定期回收环保池液体； （2）合理控制炉温，定期维护加热炉，控制烟管、火管腐蚀程度

续表

序号	场所	操作内容描述	危害因素描述	可能产生的后果	控制措施
2	加热炉区	加热炉巡检操作	(3) 烟气排放超标	环境污染	(3) 合理控制风门
			电控设备电缆破坏	触电事故；设备损坏	专业电工定期检查检修，电缆穿墙要采用护套穿管
			(1) 加热炉及管线等部位保温不达标； (2) 长时间停运设备未扫线	冻堵管线	(1) 加强保温检查与维护，及时处置保温不达标部位； (2) 长时间停运设备应进行相应管线扫线处理
			管线发生泄漏	环境污染；着火爆炸	定期检查管线使用情况，发现问题及时处理并汇报
3	罐区	容器巡检操作	容器发生泄漏，易燃易爆及有毒有害气体溢出	环境污染；中毒窒息	发现泄漏及时采取应急处置措施
			运行容器压力突然升高，容器憋压造成超压爆炸	着火爆炸	按操作规程合理控制参数，防止超压运行
		容器清淤操作	清淤时通风不彻底	中毒窒息	及时强制通风，通过可燃气体报警器进行检测，定期进行巡检

续表

序号	场所	操作内容描述	危害因素描述	可能产生的后果	控制措施
3	罐区	油罐量油操作	罐顶量油口内衬有色金属脱落，量油时量油口与量油尺摩擦产生火花	着火爆炸	定期检查、更换量油口内衬有色金属
		电脱水器设备	（1）容器内部用电设备漏电产生火花； （2）电脱水器绝缘棒绝缘破损，漏电产生火花	着火爆炸	（1）定期检查、更换容器内部的用电设备； （2）定期检查、更换绝缘棒
		罐区巡检操作	（1）各连接管线、焊接部位有砂眼或腐蚀穿孔，造成油气泄漏； （2）各连接部位密封不严、各阀门未关闭或未关严、安全阀动作、管线渗漏跑油	环境污染；着火爆炸	（1）加强巡回检查，发现渗漏及时处理，对管线、阀门定期进行维护，防止泄漏，对容器定期保养防腐，发现泄漏及时采取应急处置措施； （2）加强巡回检查，发现渗漏及时处理，对管线、阀门各部位定期进行检查维护
			（1）仪器、仪表损坏或超期使用	环境污染	（1）定期检查、更换、校对仪器仪表

续表

序号	场所	操作内容描述	危害因素描述	可能产生的后果	控制措施
3	罐区	罐区巡检操作	(2)仪器、仪表连接处泄漏	环境污染	(2)加强巡回检查，发现渗漏及时处理
		电脱水器巡检操作	变压器缺油产生明火	着火爆炸	定期检查、更换或添加变压器油
			(1)电气设备漏电或接地损坏造成漏电； (2)阴雨天距高压电变压器过近造成触电	触电	(1)定期检查，发现设备漏电，接地线损坏等现象及时处理； (2)远离高压电变压器，保持安全距离
		更换阀门操作	阀门、管线、人孔发生渗漏或更换阀门、管线时发生泄漏	环境污染；中毒窒息	加强巡回检查，发现渗漏及时处理；对管线、阀门定期进行维护
		倒罐操作	未导通或倒错流程，憋压发生油气泄漏	环境污染；中毒窒息	按操作规程正确倒换流程，严禁憋压操作
4	加药区	日常巡检	(1)加药间内通风孔堵塞或故障； (2)加药箱和工艺管线腐蚀、药剂泄漏，有毒有害气体溢出	中毒窒息	(1)加强巡检，及时维护，保障通风装置完好运行； (2)加强巡检，发现泄漏及时处理；保证加药间通风良好，巡检时做好防护措施

续表

序号	场所	操作内容描述	危害因素描述	可能产生的后果	控制措施
5	油气计量室	日常巡检	油气工艺管线砂眼，易燃易爆及有毒有害气体溢出	中毒窒息	定期进行巡检，加强维护，加强通风孔畅通，利用可燃气体报警器进行检测
			管线破损或连接处介质泄漏后浓度达到爆炸极限	着火爆炸	定期检查巡检，管线设备及时防腐防止泄漏，禁止使用明火
6	配电间	倒电操作	（1）送电断电操作时未佩戴绝缘手套或绝缘手套破损； （2）电闸或空气开关动作打火	触电着火	（1）按标准进行操作，及时配备更换合格工用具； （2）按标准进行操作，送电断电动作操作要迅速
		日常巡检	（1）电气设备漏电或接地损坏造成漏电； （2）电控设备电缆破损； （3）配电盘超负荷运行	触电； 设备损坏； 着火	（1）定期检查，发现设备漏电，接地线损坏等现象及时处理； （2）定期检修，电缆穿墙要采用护套穿管； （3）采用双排电网运行，加强配电盘线路检修

参考文献

[1] 中国石油天然气集团有限公司人事部. 集输工：上册[M]. 北京：石油工业出版社，2018.

[2] 中国石油天然气集团有限公司人事部. 集输工：下册[M]. 北京：石油工业出版社，2019.

[3] 中国石油天然气集团有限公司人事部. 油气田开发专业危害因素辨识与风险防控[M]. 北京：石油工业出版社，2018.

[4] 国家安全生产监督管理局.危险化学品经营单位安全管理培训教材[M]. 北京：气象出版社，2006.

[5] 大庆油田第四采油厂. 油田生产故障解析 500 例[M]. 北京: 石油工业出版社，2019.

[6] 中国石油天然气集团公司人事服务中心. 职业技能培训教程与鉴定试题集：集输工 上册[M]. 北京：石油工业出版社，2005.

[7] 中国石油天然气集团公司人事服务中心.职业技能培训教程与鉴定试题集：集输工 下册[M].北京：石油工业出版社，2005.